debatte 3 *Josef Braml* Amerika, Gott und die Welt

Josef Braml

Amerika, Gott und die Welt
George W. Bushs Außenpolitik
auf christlich-rechter Basis

Matthes & Seitz Berlin

Josef Braml, geb. 1968, ist Mitarbeiter der *Stiftung Wissenschaft und Politik* (*SWP*) in Berlin und analysiert die innenpolitischen Rahmenbedingungen und Einflußfaktoren US-amerikanischer Außenpolitik. Zuvor war er Projektleiter beim *Aspen Institute Berlin*, Visiting Scholar am *German-American Center*, Consultant der *Weltbank*, Gastwissenschaftler an der *Brookings Institution*, Congressional Fellow der *American Political Science Association* sowie Legislativer Berater im US-Abgeordnetenhaus.

© MSB Matthes & Seitz Berlin Verlagsgesellschaft m.b.H.
Göhrener Str. 7, 10437 Berlin, 2005
www.matthes-seitz-berlin.de

Alle Rechte vorbehalten.

Lektorat: Christine Buchheit
Umschlaggestaltung: neo design consulting, Bonn
Druck und Bindung: Triggeragent, Berlin

ISBN 3-88221-854-1 debatte 3

In Gedenken an meinen Freund Mike

Inhaltsverzeichnis

Vorwort von Karsten D. Voigt   11

Einleitung: Weltanschauungen und ihre Wirkungen   19

Die politische religiöse Rechte in den USA   31
   Der religiöse Faktor in der amerikanischen Gesellschaft   32
   Die Wahl 2004: It's Security and God, Stupid!   37
   Christliche Rechte als treibende Kraft
      der politischen Umstrukturierung   42
   Zweckehe zwischen Republikanern und christlich Rechten   49
   Organisationen der religiösen Rechten   52
   Wahlkampfstrategie an der christlichen Basis   60
   Permanente Wahlkampagne   65

Themen und Netzwerke der religiösen Rechten   71
   Innenpolitik   72
      Themen der Sexualmoral   72
      Wirtschaftspolitische Glaubenssätze   74
      Abstimmung in Netzwerken   79
   Außenpolitik   84
      Irakkrieg   85
      „Jüdisch-christliche Schicksalsgemeinschaft"   87
      Pro-Israel-Lobby   90
      „Road Map to Hell"   95
      Sanktionen gegen Syrien   101
      „Regimewechsel" im Iran   103
      Internationale Aids-Hilfe   105
      Abtreibung und Entwicklungshilfe   107

Wirkungen auf das transatlantische Verhältnis 111
    Ein religiös-moralisches Weltbild 112
    Begrenzter Handlungsspielraum 116
    Entfremdung in den transatlantischen Beziehungen 119

Ausblick 123

Anhang 126
    Abkürzungen 127
    Abbildungen 128
    Tabellen 131
    Anmerkungen 136
    Literaturverzeichnis 148
    Personenregister 159

Vorwort von Karsten D. Voigt

Wir befinden uns gegenwärtig in einer Phase der Anpassung der transatlantischen Beziehungen an neue geopolitische Gegebenheiten. Sie wird durch eine Debatte über Unterschiede und Gemeinsamkeiten in Zielen, Werten und Interessen angesichts neuer Gefahren, Herausforderungen und Chancen begleitet. Diese Debatte konzentriert sich wesentlich auf sicherheitspolitische und geostrategische Themen. In ihr sollten auch gesellschaftliche und kulturelle Gemeinsamkeiten und Unterschiede thematisiert werden.

Ich habe bereits vor Jahren auf den Einfluß der religiösen Rechten auf die amerikanische Politik hingewiesen. In offiziellen Gesprächen wurde dieser Einfluß in der Vergangenheit nicht thematisiert. Bei wissenschaftlichen Experten wurde er nur selten analysiert. Da die Mehrheit der Bevölkerung der USA religiös, die Mehrheit der Europäer demgegenüber aber säkular geprägt ist, müssen wir zu verstehen versuchen, welche politische Relevanz diese Differenz besitzt. Ansonsten kommt es schnell zu Mißverständnissen und Fehlurteilen. Daher habe ich bei der Stiftung Wissenschaft und Politik eine Studie zum Thema angeregt, die in die öffentliche Debatte und die politischen Gespräche Eingang gefunden hat. Der vorliegende Band ist eine überarbeitete Fassung dieser wertvollen Studie.

Wie sich das transatlantische Verhältnis in Zukunft entwickelt, ob es eine Chance für einen neuen Atlantizismus gibt, hängt nicht nur von außen- und sicherheitspolitischen Gemeinsamkeiten ab. Es ist auch grundlegend, wie wir in Europa und wie unsere amerikanischen Partner mit wirtschaftlichen, gesellschaftspolitischen und dabei vor allem mit kulturellen Herausforderungen umgehen.

Zwischen Europa und Amerika dominieren nach wie vor die Gemeinsamkeiten, aber es gibt auch kulturelle Unterschiede, die gegenwärtig mit einer Gefahr der Entfremdung verbunden sind. Nach dem Ende des Kalten Krieges und den terroristischen Angriffen auf New York und Washington gibt es Anzeichen für eine unterschiedliche Sicht wichtiger globaler Probleme. Diese unterschiedlichen Sichtweisen drücken sich in Unterschieden der Weltanschauung zwischen einem Teil des in Amerika zur Zeit dominierenden konservativen Denkens und den in der Politik Europas vorherrschenden Denktraditionen aus. Diese Unterschiede sind besonders ausgeprägt zwischen der religiösen Rechten in den USA und den in den deutschen Kirchen beider Konfessionen vorherrschenden theologischen und politischen Orientierungen.

Nicht alle evangelikalen Christen in den USA würden die Bezeichnung „traditionalistisch" oder gar „fundamentalistisch" akzeptieren. Gemeinsam ist den Anhängern der verschiedenen Strömungen der Evangelikalen, daß sie die Schriften der Bibel nicht – wie die vorherrschende Theologie in Deutschland es praktiziert – in Erkenntnisse der historisch-kritischen Wissenschaften einbetten, sondern in dieser Art der Theologie eine Relativierung des „Wortes Gottes" sehen. Viele glauben an ein nahes Ende der Welt, an die Wiederkehr des Messias und das Jüngste Gericht, in dem die Menschheit in Gut und Böse eingeteilt und dementsprechend verdammt oder gerettet wird. Die Zahlen sind überraschend: Immerhin fast jeder zweite US-Amerikaner zählt sich zu den „wiedergeborenen Christen", mehr als jeder Dritte denkt laut einer Time-Umfrage regelmäßig über das Ende der Welt nach und fast 60% der US-Bürger glauben an den in der Offenbarung des Johannes beschriebenen Zusammenhang zwischen Apokalypse und Apotheose.

Viele Intellektuelle in Europa neigen dazu, die Existenz und die Überzeugungen der Christlich-Konservativen mit einer leicht herablassenden Attitüde in einem Atemzug mit Glauben an Außerirdische und anderen Kuriositäten zu nennen und somit als Belanglosigkeit und Überreste vorwissenschaftlichen Denkens abzutun. Angesichts der fortschreitenden Säkularisierung der europäischen Gesellschaften und einer in Europa dominierenden Theologie, die sich nahe bei der Philosophie und Aufklärung verortet, tendieren deutsche und europäische Intellektuelle dazu, den gegenwärtigen Einfluß einer vom persönlichen Glaubenserlebnis geprägten religiösen Rechten in den USA zu verkennen. Diese Unterschätzung und Mißachtung einer wichtigen Komponente der US-Gesellschaft fällt um so leichter, als in den Kontakten der europäischen Intellektuellen zu den USA die Beziehungen zu ebenfalls säkularisierten Kreisen an der Ost- und Westküste dominieren, die ihrerseits ebenfalls mit der religiösen und politischen Kultur des „anderen" Amerikas fremdeln.

Das zunehmende politische Gewicht der christlichen Rechten in der amerikanischen Politik sollte jedoch unter „aufgeklärten" Eliten hüben wie drüben eine andere Haltung nahelegen. Die Evangelikalen gewinnen insbesondere im Süden der USA, im sogenannten Bible Belt, aber zunehmend auch im Mittleren Westen des Landes an gesellschaftlichem und politischem Einfluß. Einige dieser christlichen Gruppen sind politisch aktiver als andere. Welches politische Potential hinter der sogenannten Christian Right steht, haben in jedem Fall die engsten Berater des US-Präsidenten erkannt. Das Szenario einer Abwahl nach der ersten Amtszeit wie im Falle von Bush Senior, der sowohl die wirtschaftliche Lage als auch das politische Gewicht der religiös-konservativeren Gruppen unterschätzt hatte, konnte auch durch eine konsequente politische Ansprache der religiösen Rechten gebannt werden.

Der US-Präsident scheut sich als überzeugter und wiedergeborener Christ nicht, Themen wie das Sexualverhalten von Jugendlichen und Erwachsenen in die politische Debatte einzuführen und kontroverse Debatten mit dem Ziel einer Neudefinition des Verhältnisses zwischen Staat und religiösen Gemeinschaften auszulösen, indem er in Abkehr von der bisherigen Praxis kirchliche Sozialprogramme („faith based programs") staatlich fördert – eine Praxis, die übrigens in Deutschland seit langem üblich ist und die hier zwischen links und rechts kein Anlaß zur Kontroverse ist.

Sicherlich ist Präsident Bush in der Außenpolitik nicht der erste Präsident, der zu einer manichäischen Weltsicht neigt. Sie hat Tradition in „Gods own country" und ist im Laufe der amerikanischen Geschichte auch nicht auf republikanische Präsidenten beschränkt geblieben.

Der 11. September 2001 bot dem Präsidenten die Chance, sich als starke Führungspersönlichkeit zu bewähren und die Nation hinter sich zu vereinigen. Indem der Präsident die „moralische Klarheit" Ronald Reagans evoziert, belebt er auch die kollektive Erinnerung seiner Landsleute und vor allem seiner Anhänger an den Sieg Amerikas über das „Reich des Bösen", die Sowjetunion.

Das Trauma der Terrorangriffe vom 11. September war Anstoß dafür, ein Jahrzehnt nach dem Ende des Kommunismus, im Kampf gegen den Terrorismus erneut eine große Herausforderung des Guten durch das Böse zu sehen. Richard Perle, der neokonservative Vordenker, und David Frum, der ehemalige Redenschreiber des Präsidenten, der den biblisch inspirierten Begriff „Axis of Evil" prägte, pointierten dies so: „Der Krieg gegen den extremistischen Islam ist ein ideologischerer Krieg als es der Kalte Krieg je sein konnte." In der Auseinandersetzung mit dem internationalen Terrorismus wurden die USA – übrigens keineswegs völlig zu Unrecht – als „last resort of freedom", als letzte Bastion des Guten gegen das Böse begriffen. Diese Selbstdefinition der USA hat seit ihrer Gründung zur Identitätsstiftung unter Amerikanern beigetragen.

Um zu einer neuen gemeinsamen transatlantischen Perspektive zu kommen, müssen die Unterschiede zwischen der amerikanischen und der europäischen Kultur nüchtern abgewogen werden, um sie als Ausgangspunkt für die Entwicklung von künftigen Gemeinsamkeiten zu nutzen. Hierbei ist wichtig, daß sich auch gegenwärtig die Werte an sich hier und dort kaum unterscheiden: mit keiner anderen Region der Welt haben wir Europäer eine so große Kongruenz der Werte wie mit Nordamerika. Unterschiedlich ist aber die Hierarchisierung der Werte. Die Grundwerte sind dieselben, so daß man mit Fug und Recht weiterhin von einer transatlantischen Wertegemeinschaft sprechen darf.

Was es nicht aus dem Blick zu verlieren gilt, ist die Kongruenz der Interessen: Es bleibt auch künftig unsere wichtigste gemeinsame transatlantische Aufgabe, den internationalen Terrorismus und die Weiterverbreitung von Massenvernichtungswaffen zu bekämpfen. Eine enge transatlantische Zusammenarbeit bleibt für Deutschland ein unverzichtbares Element unserer Außen- und Sicherheitspolitik. Die europäisch-amerikanische Partnerschaft wird angesichts neuer globaler

Risiken und der regionalen Instabilität am Rande und außerhalb Europas als einer der wichtigsten Pfeiler globaler Stabilität künftig an Bedeutung noch zunehmen.

Karsten D. Voigt,
Koordinator der Bundesregierung für
deutsch-amerikanische Zusammenarbeit
im Auswärtigen Amt

Einleitung: Weltanschauungen und ihre Wirkungen

Das politische Erstarken konservativer evangelikaler und fundamentalistisch-religiöser Bewegungen seit Beginn der achtziger Jahre ist eine der bedeutsamsten kulturellen Entwicklungen in den Vereinigten Staaten und bildet die Grundlage für neuartige (außen-) politische Machtstrukturen. Dabei spielt die sogenannte Christliche Rechte eine zentrale Rolle als Wählerpotential und Wahlkampfhilfe der Republikaner im Kongreß und als Basis der Bush-Administration im Weißen Haus.

Der wachsende politische Einfluß der Christlichen Rechten und die zunehmend christlich rechte Legitimation der Amtsführung der Bush-Administration haben zur transatlantischen Entfremdung beigetragen. Dissonanzen zeigten sich nicht nur bei Themen der internationalen Aids-Bekämpfung und der Entwicklungshilfe – die bislang weniger prominent auf der transatlantischen Tagesordnung stehen –, sondern vor allem im Hinblick auf den Waffengang im Irak und den Nahostkonflikt. Die Mißklänge sind nicht nur auf rhetorische Entgleisungen einiger Protagonisten und politische Stilfragen amtierender Regierungen zurückzuführen. Ihre Ursachen liegen in den veränderten geostrategischen Rahmenbedingungen seit dem Ende des Kalten Krieges und darüber hinaus in tiefergreifenden strukturellen Besonderheiten, die in der politischen Kultur und im politischen System der Vereinigten Staaten zu finden sind.

Während die geopolitischen Veränderungen seit dem Ende des Ost-West-Konfliktes von Wissenschaft und Politik häufig thematisiert und als Erklärung für die Veränderungen in den transatlantischen Beziehungen herangezogen wurden, kamen kulturelle Entfremdungen bislang kaum zur Sprache. In den dominanten Diskussionen um vermeintlich „harte" Fakten wurden diese „weichen" Faktoren weitgehend ausgeblendet.

So bietet zum Beispiel das viel beachtete und diskutierte macht-zentristische Weltbild Robert Kagans dem Betrachter eine einfache Erklärung für die jüngsten tektonischen Veränderungen zwischen den Kontinenten: Die Machtdifferenz zwischen Europa und Amerika ist die Ursache für transatlantische Spannungen. Europa ist schwach. Amerika ist stark und nutzt deshalb seine Macht.[1] Selbst wenn man der inhärenten Logik dieser These folgen möchte, wonach militärische Macht und Überlegenheit automatisch dazu verleiten, sie auch nutzen zu wollen, bleibt in demokratisch verfaßten Staaten wie den USA die entscheidende Frage unbeantwortet: Wie können Regierende, in diesem Falle der amerikanische Präsident, ihre Außenpolitik und dabei besonders den Einsatz militärischer Gewalt vis-à-vis der Legislative und vor allem gegenüber der eigenen Bevölkerung rechtfertigen? Selbst der „mächtigste Mann der Welt" muß gute Gründe anführen, wenn er seinen Landsleuten kriegsbedingte finanzielle und menschliche Opfer aufbürdet.

Nach den Terroranschlägen vom 11. September 2001 benötigte Oberbefehlshaber Bush keine große Überzeugungskraft, um den Kongreß, die amerikanische Bevölkerung und die internationale Gemeinschaft von der Notwendigkeit des Waffengangs in Afghanistan zu überzeugen. Im Vorfeld des Präventivkrieges gegen den Irak war die Lage jedoch grundlegend anders: Präventives Handeln ist weitaus schwieriger zu legitimieren als die Reaktion auf einen erfolgten oder unmittelbar bevorstehenden Angriff. Die Gefahr von Massenvernichtungswaffen in den Händen des irakischen Tyrannenregimes oder von Terroristen sowie die Gewißheit, als auserwähltes Land das Richtige zu tun und die Vorhersehung Gottes zu vollstrecken, waren die zwei zentralen Gründe, die George W. Bush öffentlichkeitswirksam bemühte, um Krieg zu führen.

Präsident Bush assoziierte in seiner kriegsvorbereitenden Ansprache zur Lage der Nation vom 28. Januar 2003 einmal mehr die Lage im Irak mit der existentiellen Bedrohung Amerikas durch Massenvernichtungswaffen in den Händen von Terroristen: „Stellen Sie sich diese 19 Luftpiraten mit anderen Waffen und anderen Plänen vor – dieses Mal von Saddam Hussein bewaffnet. Eine Phiole, ein Kanister, eine in dieses Land geschmuggelte Kiste würde ausreichen, einen Tag des Grauens zu veranstalten, wie wir ihn noch nie erlebt haben."² Nach Auffassung des Präsidenten war diese reale Gefahr nur durch präventives Handeln abzuwehren: „Wir werden alles in unserer Macht Stehende tun um sicherzustellen, daß dieser Tag niemals kommt."³ Bush erteilte der bisherigen Sicherheitsstrategie der Eindämmung eine eindeutige Absage: „Ließen wir zu, daß diese Bedrohung ungehindert und plötzlich auftritt, kämen alle Taten, alle Worte und alle Beschuldigungen zu spät. Dem gesunden Menschenverstand und der Zurückhaltung Saddam Husseins zu vertrauen, ist weder eine Strategie noch eine Option."⁴

Um den öffentlichen Rückhalt in der eigenen Bevölkerung zu erwirken, interpretierte Amtsinhaber Bush den Waffengang im Zweistromland als weitere Schlacht im langfristigen „Krieg" gegen den Terrorismus – als „existentiellen Kampf" zwischen „Gut" und „Böse", in dem die Fronten eindeutig sind. Der Oberste Befehlshaber konnte damit die durchaus begründete Furcht in der Bevölkerung vor einer neuartigen Bedrohung mit dem beruhigenden Bewußtsein in Verbindung bringen, im Sinne einer höheren Gewalt, ja im Bunde mit dem Allmächtigen zu handeln. Darum machte George W. Bush seinen Landsleuten in seiner kriegsvorbereitenden Rede neben der drohenden Gefahr auch die historische Mission Amerikas deutlich: „Wir gehen mit Zuversicht voran, weil dieser Ruf der Geschichte das richtige Land erreicht hat. [...] Die Amerikaner sind ein freies Volk, das weiß, daß die Freiheit das Richtige für jeden Menschen und die Zukunft jeder Nation ist. Die Freiheit, die wir schätzen, ist nicht Amerikas Geschenk an die Welt, sie ist das Geschenk Gottes an die Menschheit. Wir Amerikaner glauben an uns, aber nicht nur an uns. Wir geben nicht vor, alle Wege der Vorsehung zu kennen, aber wir vertrauen in sie, setzen unser Vertrauen in den liebenden Gott, der hinter allem Leben und der gesamten Geschichte steht. Möge Er uns jetzt leiten. Und möge Er weiterhin die Vereinigten Staaten von Amerika segnen."[5]

Präsident Bush evozierte mit rhetorischen Mitteln jenen Teufel, den der neo-konservative Vordenker Samuel Huntington bereits nach dem Ende des Ost-West-Konfliktes mit kräftigen Pinselstrichen an die Wand gemalt hatte: „Der Kampf der Kulturen wird die Weltpolitik dominieren. Zivilisatorische Grenzlinien werden die Gefechtslinien der Zukunft sein."[6] Diesem Zukunftsszenario wurde nach dem 11. September 2001 um so mehr Aufmerksamkeit zuteil, hatten doch „islamistische" Fanatiker die Führungsmacht der „westlichen Zivilisation" angegriffen. Während jenseits des Atlantiks der amerikanische Präsident mit einem „Kreuzzug" reagierte – eine rhetorische Entgleisung, die Bush später zurücknahm, aber nicht mehr aus der (muslimischen) Welt schaffen konnte –, wurden im europäischen Abendland und vor allem hierzulande Stimmen laut, die den kulturellen Gegensatz zu vermeiden suchen, damit die Huntingtonsche These nicht zu einer „self-fulfilling prophecy" wird.

Diese Gefahr ist nicht von der Hand zu weisen. Wahrnehmungen der Wirklichkeit haben reale Auswirkungen, ganz egal wie richtig oder falsch sie sind. „Westliche" Beobachter, die die terroristische Bedrohung fälschlicherweise als „total" oder „totalitär" begreifen, könnten dazu beitragen, daß ihre Perzeption wirksam und damit Wirklichkeit wird. Der „Westen" sollte ein derartiges Freund-Feind-Schema vermeiden, weil es terroristischen Gruppen hilft, Identität und Zusammengehörigkeit zu etablieren – elementare ideelle Ressourcen, die nicht minder wichtig sind als materielle.

Nach Einschätzung von Sicherheitsexperten hat der Irakkrieg den Prozeß beschleunigt, im Laufe dessen sich Al Qaida von einer Organisation zu einer Ideologie entwickelt. Eine Ideologie ist um so identitätsstiftender, je besser sie sich auf ein klar umrissenes Feindbild beziehen kann. In diesem Sinne bildet das von christlich Rechten und Neokonservativen in der amerikanischen Debatte in Stellung gebrachte Konzept der „jüdisch-christlichen Schicksalsgemeinschaft" eine ideale Projektionsfläche, die es religiösen Fanatikern um Al Qaida erleichtert, logistischen und personellen Nachschub für ihren Glaubenskrieg zu gewinnen.

Nicht zuletzt bereiten auch der Nahostkonflikt und die amerikanische Parteinahme für Israel weiteren Nährboden für Extremisten. Auch hier wird Präsident Bush die Geister nicht mehr los, die er rief: Christlich Rechte, die zentral für den Machterhalt der Republikaner im Weißen Haus und im Kongreß geworden sind, engagieren sich zusehends außenpolitisch und beziehen dabei Stellung für ein militärisch übermächtiges Amerika und den uneingeschränkten Schutz Israels. Der Teufelskreis ist vorgezeichnet: „Sollte Bush seinen gegenwärtigen Kurs im Nahen und Mittleren Osten [auch im Sinne konservativer Evangelikaler] fortfahren – zum Beispiel mit einem präventiven Militärschlag gegen Iran oder die Israelis dazu ermuntern – würde er die Region weiter entzünden und die Wahrscheinlichkeit erhöhen, daß der islamistische Terrorismus auf Westeuropa und die Vereinigten Staaten zurückschlägt. Bush und die Republikaner könnten dann wiederum argumentieren, daß angesichts der Ausbreitung des Terrorismus ihr Machterhalt um so notweniger ist"[7] – so die politischen Beobachter John Judis und Ruy Teixeira, nach deren Einschätzung ein derartiges Szenario die im Entstehen begriffene politische Dominanz der Demokraten weiterhin verhindern würde, nachdem der 11. September eine „entstehende Demokratische Mehrheit"[8] zwar unterbrochen, aber nicht aufgehalten hatte.[9]

Themen nationaler Sicherheit im Rahmen des Kampfes gegen den Terrorismus spielen für die Republikaner in der Tat eine zentrale Rolle, weil sie die Kohäsion einer heterogenen Wählerschaft fördern und die Grundlage dauerhafter Republikanischer Mehrheiten bilden können. Für die Strategen, die eine umfassende Republikanische Wählerkoalition zustande bringen wollen, war und bleibt es eine besondere Herausforderung, die Christliche Rechte zu integrieren, ohne dabei andere Wähler zu verlieren.

Karl Rove, der politische Stratege der Republikaner, ist mit den machttheoretischen Schriften Machiavellis bestens vertraut und verfügt über langjährige praktische Erfahrung im politischen Machtkampf. Der einflußreiche Berater und politische Weggefährte des wiedergewählten Präsidenten will dauerhaft eine Republikanische Mehrheit aufbauen, die auf dem Vertrauen der meisten Amerikaner basiert, daß nur die Republikaner die nötige Härte im Kampf gegen den Terrorismus aufbringen und nicht zuletzt auch ein politisches Bollwerk für die wahren religiösen Werte im innenpolitischen Kulturkampf sind. Der „Entscheidungskampf" gegen den Terrorismus und der sogenannte „Kulturkrieg" bilden die außen- und innenpolitischen Fixpunkte im Weltbild konservativer evangelikaler Christen in den USA.

Doch das religiös-moralische Engagement christlich Rechter polarisiert die Nation im Innern und führt zu Divergenzen in den transatlantischen Beziehungen: bei grundsätzlichen Abwägungen zwischen dem Einsatz militärischer Gewalt und jenem diplomatischer Mittel, aber auch bei konkreten Politikvorstellungen zur Regelung von Konflikten, vor allem im Mittleren und Nahen Osten.

Das religiös-moralische Gewicht der Christlichen Rechten über den legislativen Machthebel und die politische Basisarbeit auf der Graswurzelebene wird bis auf weiteres den Handlungsspielraum amerikanischer Präsidenten mitbestimmen – vor allem bei politischen Initiativen im „Heiligen Land". Deutsche wie europäische Politiker wären gut beraten, dieses Engagement zu berücksichtigen, wenn sie sich umfassendere Gedanken zur Neugestaltung des „Greater Middle East" machen.

Europäische Politiker wie Nichtregierungsorganisationen sollten im Gespräch mit Vertretern christlich rechter Organisationen in den Vereinigten Staaten versuchen, deren Sicht der Realität zu verstehen. So können sie künftige transatlantische Herausforderungen erkennen und Verständigungsmöglichkeiten ausloten.

Dem Autor waren Gespräche mit christlich rechten Politikern und Lobbyisten sehr hilfreich, um ihre Weltanschauung zu verstehen und ihre taktischen wie strategischen Zielvorstellungen in der politischen Praxis zu erfahren. Ebenso half der Gedankenaustausch mit führenden US-Wissenschaftlern und Vertretern der politischen und religiösen Linken, um das tatsächliche politische Gewicht christlich Rechter besser einschätzen zu können. Ich danke den zahlreichen, im Anhang unter „Primärquellen" aufgeführten Personen, die während meiner Forschungsreise im Juli 2003, aber auch danach, nie müde wurden, meine Fragen zu beantworten, die von folgenden zentralen forschungsleitenden Fragestellungen abgeleitet wurden: Welche Rolle spielen christlich rechte Interessengruppen bei der Beschaffung Republikanischer Mehrheiten im Kongreß und für das Weiße Haus? Gelingt es der religiösen Rechten, ihr politisches Gewicht bei den Wahlen in politische Repräsentation und praktische Politik umzusetzen? Hat dies Auswirkungen auf die außenpolitischen Positionen Washingtons und insbesondere das transatlantische Verhältnis? Wie soll deutsche und europäische Politik damit umgehen?

Ich danke allen Freunden und Kollegen, die mir mit Ratschlägen und konstruktiver Kritik zur Seite gestanden haben, um die Fragestellung in Form politisch relevanter Forschungsergebnisse zu beantworten. Mein besonderer Dank gilt Jutta Albrecht, Muriel Asseburg, Christoph Baron, Arne Baumann, Christoph Bertram, Christine Buchheit, Loreto Bieritz, Janine Calic, Isabelle Faulhaber, Irmgard Fellner, Bernhard Goldmann, Walter Gruhn, Wolfgang Hauptmann, Hanns-Günther Hilpert, Michael Kolkmann, Judith Köhler, Nele Morkel, Johannes Reissner, Jürgen Rogalski, Peter Rudolf, Ingrid Ross, Jens van Scherpenberg, Benjamin Schreer, Johannes Thimm, Karsten Voigt, Susanne Weiss, Eugene Whitlock, Martin Widdra, Simone Zander und Albrecht Zunker – ohne deren Anregungen und Hilfe dieser Beitrag nicht in dieser Form zustande gekommen wäre. Natürlich ist niemand sonst als der Autor selbst für die Argumentation und Interpretation der Forschungsergebnisse sowie mögliche Fehler verantwortlich.

Die zentralen Ergebnisse dieser Analyse wurden im September 2004 politischen Entscheidungsträgern der Deutschen Bundesregierung und im Bundestag in Form einer SWP-Studie (S 35) zur Verfügung gestellt. Vorliegendes Buch ist eine überarbeitete Fassung dieser Studie, die mit den Präsidentschafts- und Kongreßwahlen vom 2. November 2004 an Aktualität gewonnen hat. Das Interesse zahlreicher Akademiker und Journalisten hat dabei geholfen, die Forschungsergebnisse in Form dieses Buches einer breiteren politisch interessierten Öffentlichkeit zugänglicher zu machen.

Josef Braml, Berlin, im Januar 2005

Die politische religiöse Rechte in den USA

Die „Erfindung" der amerikanischen Nation[10] gründet wesentlich auf der Emanzipation vom Alten Kontinent mit seinen Staatskirchen und Herrschern von Gottes Gnaden. Gleichzeitig waren die Besiedler der Neuen Welt von dem Bewußtsein erfüllt, „God's own country", eine von Gott auserwählte Nation zu sein. Diese Ambivalenz zwischen Abkehr vom Staatskirchentum und dem Bewußtsein des Auserwähltseins kommt auch im Ersten Verfassungszusatz zum Ausdruck: Die Etablierung einer staatstragenden Amtskirche wird untersagt *und* Religionsfreiheit gewährleistet. Diese verfassungsrechtlich gewährte Freiheit schafft Raum für Pluralismus und eröffnet ein ständiges Ringen um die legitime Position von Religion im Spannungsfeld zwischen privater und öffentlich-politischer Sphäre.

In den letzten drei Jahrzehnten hat das politische Engagement religiöser Amerikaner zugenommen. Sie verbünden sich zunehmend mit den Republikanern. Eine wichtige Rolle spielt dabei die politische Basisarbeit christlich rechter Organisationen.

Der religiöse Faktor in der amerikanischen Gesellschaft

Die religiöse Landschaft der USA ist durch Vielfalt geprägt. Die Anteile der verschiedenen Konfessionen an der Gesamtbevölkerung sind in den vergangenen Jahrzehnten relativ konstant geblieben (vgl. Tab. 1, S. 131). Insgesamt bezeichnen sich über 80% der Amerikaner als Christen. Die Protestanten sind mit mehr als der Hälfte der Gesamtbevölkerung die größte Religionsgemeinschaft, innerhalb dieser Denomination sind die konservativeren (weißen) Evangelikalen mit 25,4% zur stärksten Gruppe angewachsen. Sie verweisen die liberaleren (sogenannten Mainline-) Protestanten mit 22,1% auf Platz zwei. Auch die Gruppe der schwarzen Protestanten ist seit den sechziger Jahren leicht geschrumpft – auf knapp 8% im Jahr 1996. Der römisch-katholischen Kirche gehören 21,8% der Amerikaner an.

Der Anteil der säkular orientierten Bevölkerung hat sich seit Mitte der sechziger Jahre beinahe verdoppelt und beträgt heute 16,3%. Dieser Säkularisierungstrend gab überzeugten Glaubenshütern Anlaß, der gesellschaftlichen „Dekadenz" und dem „Verfall moralischer Werte" entgegenzuwirken. Besonderen Eifer legten die evangelikalen Protestanten an den Tag. Die Traditionalisten unter ihnen haben eine auf das Jenseits gerichtete individuelle Heilserwartung, lehnen sozial-reformerische Ideen ab und engagieren sich dafür, traditionelle Glaubenssätze und -praktiken zu bewahren und gegen die Moderne und den Liberalismus zu verteidigen. „Rechtgläubige" *(true believers)* beziehen politisch Stellung für „traditionelle amerikanische Werte" und gegen Säkularismus, Feminismus und Kulturrelativismus. Außenpolitisch setzen sich konservative Evangelikale für ein militärisch schlagkräftiges Amerika und den Schutz Israels ein.

Die Distanz zwischen Religion und Politik wurde in den letzten drei Jahrzehnten deutlich geringer:[11] Rechtgläubige Amerikaner sind politischer geworden. Evangelikale Protestanten machen mittlerweile knapp ein Viertel (2000: 24%) der als Wähler registrierten Amerikaner aus. 1987 waren es noch 19%.[12] Sie sind ein wichtiger Bestandteil der Republikanischen Wählerschaft geworden: Innerhalb von drei Jahrzehnten (vgl. Abb. 1, Seite 128) erhöhte sich der Prozentsatz der bekennenden Republikaner unter den Evangelikalen, und zwar sowohl bei den „engagierten" (von 42% auf 74%) als auch bei den „anderen" (von 30% auf 49%). Dieser Trend verstärkte sich insbesondere seit Mitte der achtziger Jahre.[13] Zudem verdoppelte sich der Republikanische Stimmenanteil unter den Katholiken – sowohl bei den „engagierten" als auch bei den „anderen".

Die Zugehörigkeit zu einer bestimmten Konfession ist oft ein Indiz für die politische Einstellung der

Menschen, die ihr angehören. Die Tiefe der persönlichen Überzeugung und der Grad des Engagements sind weitere wichtige Indikatoren. „Engagierte" Vertreter unterscheiden sich von „anderen" durch die Häufigkeit von Kirchenbesuch und Gebet, die herausragende Bedeutung, die sie dem Glauben für ihr eigenes Leben zumessen, und das Festhalten an traditionellen Glaubenssätzen wie zum Beispiel den Glauben an Himmel und Hölle.[14] Engagierte Gläubige tendieren zu konservativeren politischen Einstellungen und haben eine merklich höhere Affinität zu den Republikanern. Demgegenüber bevorzugen weniger Engagierte tendenziell die Demokratische Partei.

Diese Koppelung ist den Wahlkampfstrategen des Präsidenten nicht verborgen geblieben. Ihr Kopf Karl Rove, der das Vertrauen des Präsidenten genießt, bringt es auf den einfachen Nenner: „An erster Stelle", so Rove, „existiert ein großer Unterschied [im politischen Verhalten] bei religiösen Menschen. [...] Man hat dies in den Umfragen der Wahlen 2000 gesehen, bei denen regelmäßige und häufige Kirchgänger mit überwältigender Mehrheit Bush wählten. Sie bilden einen wichtigen Teil der Republikanischen Wählerbasis."[15]

Entsprechend ausgeprägt sind auch Selbstverständnis und Selbstbewußtsein politischer Strategen der sogenannten „Christlichen Rechten".[16] Dies läßt sich an den Aussagen des christlich rechten Wortführers und Präsidenten der Organisation American

Values, Gary Bauer, ablesen: „Für einige in den liberalen Medien ist die Bezeichnung Christliche Rechte beinahe ein Schimpfwort, aber das ist meiner Meinung nach eine treffende Beschreibung." Tatsächlich handelt es sich laut Bauer „um Leute, die regelmäßig in die Kirche gehen und politisch konservativ sind. Und das ist ein ziemlich bedeutender Anteil in der amerikanischen Bevölkerung und die Mehrheit unter den Wählern der Republikaner. [...] Menschen, die mindestens einmal pro Woche in die Kirche gehen, stimmten mit überwältigender Mehrheit für die Republikaner, und Menschen, die selten oder gar nicht in die Kirche gehen, wählten 2000 mit überwältigender Mehrheit Al Gore. Das ist ein sehr wichtiges Trennkriterium amerikanischer Politik."[17]

Empirische Regressionsanalysen – mit denen sich der Einfluß bestimmter Faktoren isoliert betrachten läßt – kommen zu dem Ergebnis, daß in den USA „der Einfluß religiöser Zugehörigkeit auf das Wahlverhalten beträchtlich ist und dem Einfluß demographischer Faktoren wie Einkommen und Bildungsniveau gleichkommt".[18] Aus historischer Perspektive (vgl. Abb. 2, S. 129) wird deutlich, daß religiöse Faktoren seit den achtziger Jahren deutlich größeren Einfluß auf das Wahlverhalten gewonnen haben.

Laut einer nationalen Umfrage im Jahre 1994 gaben 38% der registrierten Wähler an, daß bei der Entscheidung für oder gegen einen Kandidaten deren religiöser Glaube ihr „Hauptkriterium" sei. Vor allem Republikaner (47%) und Wähler aus den Südstaaten

(47%) bekundeten diese Motivation.[19] Dieser Trend hat sich in der darauffolgenden Dekade weiter verstärkt.

Die Wahl 2004: It's Security and God, Stupid!

Knapp ein Jahr vor den Wahlen 2004 wurde in einer Umfrage unter registrierten Wählern um so deutlicher, daß religiös motivierte moralische Kriterien eine zunehmend wichtige Rolle spielen: Vor die Wahl gestellt, zwischen einem Kandidaten, dem sie zutrauen, die Wirtschaft anzukurbeln, aber dem sie in moralischen Fragen widersprechen, und einem Kandidaten, dem sie nicht zutrauen, die Wirtschaftslage zu verbessern, mit dem sie jedoch in moralischen Fragen übereinstimmen, würden sich 55% der Republikaner und nur 38% der Demokraten für den Kandidaten mit moralischer Kompetenz entscheiden.[20] In einer weiteren Umfrage vom November 2003 bekundeten etwa die Hälfte (48%) der Republikaner oder der ihnen Nahestehenden, daß Religion ein wichtiger Faktor bei ihrer Wahlentscheidung ist. Bei den Demokraten waren es nur 28%.[21] Religion ist für zwei Drittel (64%) der wahlberechtigten Amerikaner – so eine weitere Gallup-Analyse im März 2004[22] – ein wahlentscheidendes Kriterium, vor allem für weiße evangelikale Christen: 70% erklärten sich als Republikaner bzw. ihnen nahestehend (23% als Demokraten und 6% als Unabhängige). 74% weiße Evangelikale beabsichtigten denn auch, im November 2004

Präsident Bush zu wählen und nur 23% seinen Herausforderer John Kerry.[23] Für Präsident Bush und die Parteistrategen der Republikaner galt es, dieses religiöse Potential bei den Kongreß- und Präsidentschaftswahlen zu aktivieren.

Mit Erfolg: Der amtierende Präsident konnte schließlich seine ohnehin starke Wählerbasis evangelikaler Christen erweitern: Nach den vorläufigen Berechnungen John Greens von der University of Akron erhöhte sich Bushs Wähleranteil unter weißen Evangelikalen von 71% im Jahre 2000 auf 76% bei seiner Wiederwahl 2004 (78% laut CNN National Exit Polls).[24] Der Zuspruch für den amtierenden Präsidenten blieb aber nicht nur auf die evangelikalen Protestanten beschränkt. George W. Bush gelang es darüber hinaus, bei katholischen Wählern seinen Stimmenanteil zu erhöhen, ja mehr Stimmen als sein (katholischer) Herausforderer John Kerry zu gewinnen: 52% versus 47% für Senator Kerry.[25] Dabei konnte Präsident Bush konfessionsübergreifend vor allem auf praktizierende Gläubige zählen: Je häufiger zum Beispiel Amerikaner in die Kirche gehen, desto eher waren sie geneigt, für ihn zu votieren (vgl. Tab. 2, S. 131).

Die von den Republikanern und der religiösen Rechten angestrebte „moralische Mehrheit" wurde auch in Umfragen bei den Wahlen deutlich: Auf die Frage, welches Thema am wichtigsten für die persönliche Wahlentscheidung war, wurden „moralische Werte" am häufigsten genannt (22%), gefolgt von den Themenbereichen Wirtschaft/Arbeitsplätze (20%), Terrorismus (19%) und Irak (15%).

Amerikaner, denen die Irakfrage und Wirtschaftsfragen am wichtigsten waren, entschieden sich mit überwältigender Mehrheit für den Herausforderer John Kerry. Der amtierende Präsident Bush hingegen fand die größte Unterstützung bei Wählern, denen moralische Wertfragen am Herzen lagen und denen der Terrorismus Sorgen bereitete (vgl. Tab. 3, S. 131).

Nach der Wahl wurde eine heftige Debatte geführt, ob „moralische Werte" wirklich ausschlaggebend waren. Kritiker der oben genannten CNN Exit Polls führten ins Feld, daß die gewählte Fragemethode mit vorgegebenen Antworten suggestiv gewesen sei und dadurch „moralische Werte" höher eingestuft worden wären als dies bei offener Fragestellung der Fall gewesen wäre. Ausgewiesene Statistikexperten waren sich in dieser Frage ebenso uneinig. Um die wahlentscheidenden Faktoren genauer zu bestimmen, führte das renommierte Gallup-Institut eine weitere Umfrage durch, in der die Teilnehmer einer Umfrage unmittelbar vor den Wahlen nach dem Urnengang (vom 3. November bis 12. Dezember 2004) erneut befragt wurden – ohne dabei vorgegebene Antwortkategorien zu verwenden. Erwartungsgemäß kamen moralische Gründe insgesamt nicht mehr so häufig zur Sprache (15%). Eine genauere Analyse der Daten verdeutlichte jedoch einmal mehr, daß die Wähler des Wahlsiegers George W. Bush am häufigsten moralische Werte/religiöse Überzeugungen (mit 25%) als wichtigstes Kriterium ihrer Wahlentscheidung nannten, gefolgt vom Thema Terrorismus (21%).[26]

Es bleibt aber schwierig, diese Themenkomplexe analytisch voneinander zu trennen: Ging Präsident Bush doch auch mit „moralischer Klarheit" (moral clarity) gegen die Terroristen vor. Der Oberste Befehlshaber demonstrierte seinen Anhängern Führungsstärke und Entschlossenheit, indem er – anders als sein Herausforderer Senator Kerry, dem Wankelmütigkeit unterstellt wurde – klar zwischen Richtig und Falsch, ja zwischen „Gut" und „Böse" unterschied.

Sollten nicht massive wirtschaftliche Probleme und damit verbunden eine Verschlechterung der Lebensverhältnisse eintreten, dürften neben den Sicherheitsfragen religiös motivierte moralische Kriterien auch bei künftigen Wahlen eine mitentscheidende Rolle spielen und die Demokraten weiterhin vor große Herausforderungen stellen. Einige konservative Beobachter sehen im anderen politischen Lager, auf der „unreligiösen Linken", bereits eine „Partei der Ungläubigen".[27] Bei den Demokraten ist umgekehrt ein Trend zur Säkularisierung erkennbar, der als Gegenreaktion auf das zunehmende Gewicht evangelikalen Einflusses gedeutet werden kann.[28]

Insofern sind auf beiden Seiten des politischen Spektrums Kräfte am Werk, die beide Parteien ideologisch voneinander abrücken lassen und die amerikanische Gesellschaft polarisieren. E.J. Dionne jr., ein Kenner der religiösen und politischen Kräfteverhältnisse in den Vereinigten Staaten, resümiert: „Oben im

Himmel muß wohl Abe Lincoln seinen Kopf mit Staunen schütteln. Das Land, das er einst zusammenzuhalten versuchte, treibt politisch auseinander – mehr oder weniger an denselben Trennlinien, die schon den Wahlerfolg [Lincolns] von 1860 markierten."[29] Treibende Kraft der Polarisierung auf der rechten Seite des politischen Spektrums sind Organisationen innerhalb der Christlichen Rechten. Sie haben vor allem die Kerngruppe der Evangelikalen zum politischen Engagement bewegt.

Christliche Rechte als treibende Kraft der politischen Umstrukturierung

Noch bis weit in die sechziger Jahre hinein war politisches Engagement bei vielen Gläubigen verpönt. Noch heute ist es vielen Evangelikalen suspekt. Doch als 1973 das Oberste Gericht Abtreibung legalisierte (*Roe versus Wade*) und 1978 auch noch die Steuerbegünstigung christlicher Schulen in Frage gestellt wurde, politisierten sich die Gläubigen.[30] Zudem brachte in den siebziger und achtziger Jahren das politische Engagement der Feministinnen, der Schwulenbewegung, von Bürgerrechtlern und Umweltbewegungen all jene auf den Plan, die traditionelle Werte gefährdet sahen. Politisches Engagement wurde für evangelikale Protestanten statthaft.

Die politische Affinität der Christlichen Rechten zu den Republikanern ist aber erst im Laufe der Zeit entstanden. Für die religiöse Rechte und die Republikaner bot der Kommunismus eine gute Projektionsfläche als gemeinsames Feindbild. Er galt als externe sicherheitspolitische Bedrohung und zugleich als säkular-ideologischer Gegenentwurf zum „American way of life". Zudem erschienen die USA auch von einem inneren Feind bedroht: Liberalismus galt christlich Rechten als

Ursache für die innere Dekadenz der hedonistischen amerikanischen Gesellschaft.

Eine der Hauptursachen für die Verluste der Demokratischen Partei seit den sechziger Jahren ist die Auflösung von Roosevelts New-Deal-Koalition, die bis in die sechziger Jahre Bestand hatte und neben den Katholiken, Juden, schwarzen und Mainline-Protestanten auch die Evangelikalen umfaßte.[31] Der Prozeß des sogenannten „dealignment", die Umorientierung evangelikal-protestantischer, teilweise auch katholischer Wähler von der Demokratischen zur Republikanischen Partei, war in den Südstaaten sehr ausgeprägt.

Die Republikanische Partei konnte in den letzten Jahrzehnten starke Zugewinne im sogenannten „Bible Belt" im Süden verzeichnen – in der Region, in der auch die Evangelikalen am stärksten verbreitet sind. Die Hochburgen der Evangelikalen befinden sich heute in ländlichen Gegenden des Südens und teilweise des Mittleren Westens mit tendenziell älterer, weniger gebildeter Bevölkerung. Einkommen hingegen ist kein Merkmal, das Evangelikale vom Bevölkerungsdurchschnitt unterscheidet (vgl. Tab. 4, S. 133).

Die Umorientierung hatte mehrere Beweggründe:[32] Zum einen setzte nach dem Zweiten Weltkrieg eine Binnenmigration ein. Teile der schwarzen Landbevölkerung des Südens suchten Arbeit im Nordosten des Landes und wurden zunehmend zu einer wichtigen Wählerbasis der Demokraten. Umgekehrt kamen viele Weiße im Zuge der wirtschaftlichen Entwicklung nach Süden.

Zudem gaben politische Ereignisse den Demokraten Anlaß, sich neu zu orientieren. Unter dem Einfluß der Delegierten aus den Nordstaaten sprach sich 1948 die Parteikonvention der Demokraten dafür aus, rassistische, religiöse und wirtschaftliche Ungleichheiten aufzuheben. Als Gegenreaktion gründete der damalige Gouverneur South Carolinas Strom Thurmond die States' Rights Party. Diese Bewegung kämpfte für die Rechte der Einzelstaaten, der sogenannten „states", ihre Angelegenheiten (auch was die Rassentrennung anging) selbst zu bestimmen. Unter der Führung Strom Thurmonds und Fielding Wrights machten sich konservative Südstaaten-Demokraten für die Rassentrennung stark. Bei den Präsidentschaftswahlen 1948 gelang es diesen sogenannten „Dixiecrats", vier Südstaaten zu gewinnen: Alabama, Mississippi, Lousiana und South Carolina. Aus Protest gegen den Civil Rights Act 1964 wechselten zahlreiche Dixiecrats schließlich ins Lager der Republikaner.

Im Wahlkampf 1964 nahm auch der Republikanische Präsidentschaftskandidat Barry Goldwater Stellung gegen die Ausweitung föderaler Befugnisse Washingtons. Senator Goldwater wurde zwar mit einer überwältigenden Mehrheit vom Texaner Lyndon Johnson (Amtszeit 1963 – 1969) geschlagen. Er bereitete aber im Süden des Landes das politische Feld, das nunmehr von den Republikanern und den politischer werdenden christlich rechten Organisationen kultiviert werden konnte.

Doch zunächst konnte gegen Ende der siebziger Jahre noch ein weiterer Demokrat, Jimmy Carter (1977 – 1981), ein Südstaaten-Evangelikaler, Sympathie und Stimmen der religiösen Rechten gegen den republikanischen Kandidaten gewinnen, den amtierenden Präsidenten Gerald Ford (1974 – 1977). Dazu beigetragen hatte auch die Enttäuschung über Richard Nixon (1969 – 1974), der mit dem Versprechen „moralischer Erneuerung" ins Weiße Haus eingezogen war, jedoch gegenüber der Sowjetunion und China in den Augen christlich Rechter eine zu entspannte Politik verfolgte[33] und im Watergate-Skandal endete. Carter galt auch denen als Hoffnungsträger, die nach Watergate wieder in die traditionelle Haltung politischer Abstinenz zurückgefallen waren. Präsident Carter enttäuschte jedoch die Erwartungen der Evangelikalen. Er stärkte die Rechte der Frauen, tolerierte „feministische Exzesse", ließ es aus Sicht der Christian Right auch sonst an Engagement fehlen, „moralischer Dekadenz" und „gottlosem Kommunismus" entgegenzuwirken, und stand schließlich auch nicht fest genug an der Seite Israels. Die christlich Rechten wollten ihn daraufhin sogar „aus dem Amt beten".

Letztlich hatte der Protest Erfolg: Mit dem ultrakonservativen Ronald Reagan – der vier Jahre zuvor trotz Unterstützung der Christian Right im Vorwahlkampf gegen Gerald Ford noch gescheitert war – zog 1981 der lang ersehnte Seelenverwandte ins Weiße Haus ein. Mit ihm konnte man dem drohenden Verfall moralischer Werte und nationaler Größe Amerikas Einhalt gebieten und im Kalten Krieg dem „Reich des Bösen"[34] die nötige militärische und moralische Macht entgegenstellen, um es zu destabilisieren und zurückzudrängen (Stichwort: „rollback") und nicht nur per Abschreckungsstrategie einzudämmen. Dabei war Israel im Nahen Osten auch strategischer Partner. Aus der Sicht Israels galt die Reagan-Administration (1981 – 1989) als die „bis dato Israel-freundlichste" US-Regierung. Mit Reagans Wahl war Roosevelts New-Deal-Koalition endgültig gespalten, und es gelang ihm, nicht nur wichtige evangelikale, sondern auch katholische Wählerstimmen an sich zu binden.

Das eigenständige politische Gewicht der Christlichen Rechten wurde offensichtlich in der Kandidatur Pat Robertsons im Vorwahlkampf 1987/88. Obwohl er sich gegen Vizepräsident Bush nicht durchsetzen konnte, waren die Evangelikalen innerhalb der Republikanischen Wählerschaft zu einer festen, geschlossenen Größe gereift. Für Bushs Wahlsieg sollten sie ausschlaggebend sein, denn Pat Robertson hatte seine Bataillone in den Parteidienst für Bush empfohlen, um den Republikaner im Hauptwahlkampf zu unterstützen. Knapp drei von vier (70%) Evangelikalen hatten schließlich Bush gewählt. Das Stimmenlager der Evangelikalen war allein tragfähig und konnte die Verluste bei katholischen Wählern kompensieren.[35]

Bushs Wiederwahl 1992 scheiterte jedoch an zwei Kardinalfehlern: Er unterschätzte die politische Bedeutung der schlechten Wirtschaftslage, und er verspielte die Unterstützung der Christlichen Rechten. Bei den Evangelikalen lag 1992 sein Stimmenanteil nur bei 56%.[36] George Bush hatte bei christlich Rechten für Unmut gesorgt, indem er unter anderem im März 1990 Israel daran erinnerte, daß Ost-Jerusalem besetztes Gebiet und nicht souveräner Bestandteil Israels sei.

Bushs Sohn George W. zog aus der Wahlniederlage seine Schlußfolgerungen. In der Wahlkampfkampagne seines Vaters war er Verbindungsmann zur Christian Right gewesen. Hier hatte er deren Aktivisten und Kernanliegen kennengelernt und sich ein Netzwerk geschaffen, das den Grundstein für seine eigene Karriere legen sollte. Sein späterer Wahlsieg – schon im Vorwahlkampf gegen John McCain – wäre ohne die Unterstützung dieser Verbündeten nicht möglich gewesen. Mit 71% Wählerstimmen Evangelikaler Protestanten übertraf George W. Bush bei der Präsidentschaftswahl 2000 bei weitem den Stimmenanteil seines Vaters und stellte selbst Reagans Ergebnis aus dem Wahljahr 1984 in den Schatten.[37] „Zum ersten Mal", resümierte Kevin Phillips, ein ehemaliger republikanischer Wahlstratege, „basierte ein Erfolg der Republikaner bei den Präsidentschaftswahlen auf einer religiösen, konservativen, Südstaaten-zentrierten Koalition, angeführt von einem Wählerblock weißer protestantischer Fundamentalisten und Evangelikaler"[38] – die letztendlich 40% der Gesamtstimmen ihres Präsidentschaftskandidaten ausmachten.[39] Und die geben sich seitdem selbstbewußt: „Karl [Rove] versteht, wie wichtig dieses Segment in seiner Wählerkoalition ist, und ich denke auch, daß es der Präsident versteht", so

Roves Vertrauter Richard Land, Präsident der Ethics and Religious Liberty Commission der Southern Baptist Convention. Land weiter: „Der Präsident glaubt, daß einer der ausschlaggebenden Faktoren für die Wahlniederlage seines Vaters war, nicht so viele evangelikale Stimmen bekommen zu haben wie Reagan."[40]

Diese Einschätzung bestätigte sich mit dem Wahlerfolg 2004: Neben Zugewinnen bei katholischen Wählern gelang es Präsident Bush, den hohen Stimmenanteil Evangelikaler zu erhalten, ja noch einmal zu vergrößern (auf nunmehr 76%).[41] Damit war auch der christlich rechte Anspruch erfüllt, konfessionsübergreifend der „moralischen Mehrheit" im Lande noch mehr politisches Gewicht zu verleihen.

Zweckehe zwischen Republikanern und christlich Rechten

„Wenn die Republikanische Partei konservative religiöse Wähler benötigt, so gilt auch umgekehrt: Evangelikale, Sozial-/Moralkonservative und vor allem die Christliche Rechte benötigen die Republikaner. Religiöse Konservative sind am einflußreichsten, wenn sie Teil einer größeren konservativen Koalition sind, und die Republikanische Partei ist dafür die zugänglichste Institution."[42] Dieses pragmatische Verständnis bildet die Grundlage für die Machtsymbiose zwischen der Republikanischen Partei und dem Organisationsgeflecht der Christlichen Rechten.

Eine Analyse von Fallstudien über Einzelstaaten, in denen die Christliche Rechte aktiv ist, kommt zu folgenden Ergebnissen: Die Christliche Rechte ist am stärksten im Süden – in South Carolina, Virginia, Texas und Florida – und bildet mittlerweile einen festen Bestandteil der Republikanischen Parteiorganisationen dieser Bundesstaaten. Sie ist auch im Mittleren Westen stark vertreten und beeinflußt die Parteiorganisationen in Michigan, Iowa, Kansas und Minnesota.[43] Hier handelt es sich um zahlreiche, vor allem in den letzten beiden Präsidentschaftswahlen hart umkämpfte Bundesstaaten, in denen jede Stimme zählt. Insofern kann in diesen „battleground states" auch die Organisationsstruktur der Christlichen Rechten (ausführlicher weiter unten, S. 52ff.) bei der Mobilisierung des Wählerpotentials den Ausschlag für Sieg oder Niederlage geben.

Die Christliche Rechte hat sich von ihrer gesellschaftlichen Randlage ins Zentrum der politischen Auseinandersetzung um die Macht bewegt. Zwei Drittel (65%) der amerikanischen Bevölkerung sehen evangelikale Christen als Teil des Mainstream und 60% billigen ihnen auch Einfluß auf die amerikanische Gesellschaft zu.[44]

Ihrerseits glauben 72% der Evangelikalen, daß es ihnen gelungen ist, die Gesellschaft zu verändern. Sieben von zehn sind auch davon überzeugt, daß sie Einfluß auf die Politik der Bush-Administration haben. Diese Wahrnehmung ist eine wichtige Voraussetzung dafür, daß sich christlich Rechte weiterhin politisch engagieren und mit den Republikanern arrangieren: Jene evangelikalen Christen, die glauben, daß sie „viel Einfluß" auf die Bush-Administration haben, können vermehrt dem Wählerpotential des amtierenden Präsidenten zugerechnet werden.[45]

Diese Entwicklung ist das Ergebnis eines langwierigen Lernprozesses sowohl der Republikanischen Parteistrategen als auch der Christlichen Rechten. Letzere mußten einen weiten Weg von den Anfängen fundamentalistischen Sektierertums in ein Stadium des politischen Pragmatismus gehen. Persönlichkeiten, die religiöse Autorität sowie Hochachtung unter evangelikalen Christen genießen, wie Pat Robertson, Jerry Falwell, Franklin Graham, James Dobson, Paul Weyrich, Gary Bauer oder Ralph Reed – um einige der prominentesten zu nennen, die gleichwohl der allgemeinen Bevölkerung wenig bekannt sind[46] –, gaben der abstrakten Idee der „Christian Right" Gestalt und Zusammenhalt, indem sie ein Organisationsgeflecht an der politischen Basis schufen.

Organisationen der religiösen Rechten

Schon in den siebziger Jahren bemühte sich der Katholik Paul Weyrich darum, Gläubige verschiedener Religionen zu einer politischen Ökumene zusammenzuführen. Bei einem Treffen, das der evangelikale Reverend Jerry Falwell 1979 in Lynchburg, Virginia, organisiert hatte, entwickelte Weyrich den Gedanken einer moralischen Mehrheit in Amerika, die es zu organisieren gelte. Die „Moral Majority" war aus der Taufe gehoben. Die religionsübergreifende Bewegung wollte sich im Sinne der gemeinsamen Werteorientierung – „pro-life, pro-family, pro-traditional moral, pro-America und pro-Israel" – politisch engagieren. (Ausführlicher zu den Themenschwerpunkten weiter unten, S. 71ff.). Abtreibung zum Beispiel war nicht mehr nur ein Thema der Evangelikalen oder der Katholiken, vielmehr war es aus der Sicht dieser politischen Glaubensgemeinschaft ein moralisches, religionsübergreifendes Thema. In den Worten Jerry Falwells verstand sich die „Moralische Mehrheit" nicht nur als christliche Organisation, sie war auch willens, mit jedem zusammenzuarbeiten, „der unsere Ansichten zu Familie, Abtreibung, starker militärischer Verteidigung und Israel teilt".[47] Damit besetzte die

Christliche, nunmehr religiöse Rechte wichtiges politisches Terrain. Die Strategie der Christlichen Rechten lautete: „das Leben von Menschen retten, sie taufen und sie für Wahlen registrieren".

Nur etwas mehr als die Hälfte der Evangelikalen war damals in die Wählerlisten eingetragen (Bundesdurchschnitt: knapp über 70%). Um das enorme Potential von ca. 60 bis 70 Millionen Wählern zu mobilisieren, beteiligten sich auch die Kirchen an Initiativen zur Wahlregistrierung. Mit Erfolg (vgl. auch Tab. 5, S. 133): Weiße Evangelikale sind heute politisch aktiver als die übrige Bevölkerung. Ein größerer Anteil (82% gegenüber 77% des Bevölkerungsdurchschnitts) ist als Wähler registriert und zählt zu den aktiven Wahlgängern (65% gegenüber 61% des Bevölkerungsdurchschnitts).[48]

Selbst wenn die Organisation der „Moral Majority" als solche seit Mitte der achtziger Jahre nicht mehr existiert, nachdem u.a. auch Skandale den Namen der Organisation in Verruf brachten, wirkt die politische Idee, eine moralische Mehrheit im Lande zu organisieren, in Form verschiedener neuer und professionellerer Organisationsformen weiter.[49] (Vgl. Tab. 6, S. 134).

Die im folgenden vorgestellten wichtigsten Graswurzel-Organisationen, Political Action Committees (PACs), Think Tanks und Interessengruppen der Christlichen Rechten sind bei Wahlkämpfen und nicht zuletzt auch im Gesetzgebungsprozeß aktiv. (Ausführlicher zur Rolle dieser Gruppe bei Wahlkämpfen und im Gesetzgebungsprozeß, S. 60ff.). Sie finden im Büro des mächtigen Republikanischen Mehrheitsführers im Abgeordnetenhaus Tom DeLays, große Aufmerksamkeit.[50]

Die **Christian Coalition** repräsentiert nach eigenen Angaben über zwei Millionen Gläubige, die in allen 50 Bundesstaaten in über 1500 Zweigstellen organisiert sind. Unter der Ägide von Ralph Reed entwickelte sich die Christian Coalition zu einer der mächtigsten Organisationen der Christlichen Rechten. Neben den üblichen innenpolitischen Reizthemen christlich rechter Gruppen wie Abtreibung oder Pornographie widmet sich die Christian Coalition zunehmend außenpolitischen Themen. Sie kämpft dabei vor allem weltweit für das Recht auf freie Religionsausübung *(religious freedom)* und legt großes Engagement für Israel an den Tag. (Der hohe politische Stellenwert Israels für die religiöse Rechte wird unten, S. 87ff., eingehender dargestellt.)

Auch Gary Bauers[51] Organisation **American Values** liegt Israel sehr am Herzen: „Unsere Israel-Politik ist ein Eckpfeiler amerikanischer Außenpolitik."[52] In den neunziger Jahren dominierte im Weltbild Gary Bauers die Volksrepublik China „als die weltweit größte Bedrohung für die Werte und die nationale Sicherheit Amerikas"[53]. Die China-Politik der Clinton-Administration war nach seiner Einschätzung einer der größten Irrwege amerikanischer Außenpolitik im vergangenen Jahrhundert. Um diesen existenzbedrohenden Fehler zu korrigieren, fordert Bauer, daß die besonderen bilateralen Handelsbeziehungen (Most Favored Nation, MFN-Status) abgebrochen werden und China die WTO-Mitgliedschaft verweigert wird.

1996 schuf Bauer das zweitgrößte amerikanische Political Action Committee (PAC), das **Campaign for Working Families PAC**. Bauer konnte nach eigenen Angaben bereits in den ersten beiden Jahren sieben Millionen US-Dollar von über 90 000 Einzelspendern einwerben. Diese Mittel wurden zur Wahlkampfhilfe für gleichgesinnte konservative Kandidaten eingesetzt. Bei den Präsidentschaftswahlen im November 2004 wurden die Ressourcen gezielt in den hart umkämpften Bundesstaaten des Mittleren Westens eingesetzt.

1983 rief James Dobson den **Family Research Council** (**FRC**) ins Leben. Gary Bauer, der von Anfang an dabei war, machte aus dem Drei-Mann-Betrieb mit einem jährlichen Etat von einer Million US-Dollar einen der größten Think Tanks in Washington, DC. Unter der Führung von Tony Perkins zählt die Belegschaft heute 120 Mitarbeiter, das jährliche Budget beträgt 14 Millionen US-Dollar. Kristin Hansen, Media Director des FRC, beschreibt ihre Organisation als „Lobby-Sprachrohr der Familien und auch als Forschungsinstrument für Kongreßabgeordnete und andere

Gruppen, die Familienwerte verteidigen und nach Forschungsergebnissen Ausschau halten, die ihre Überzeugungen unterfüttern"[54].

Mit dem **American Renewal** wurde der sogenannte „legislative action arm" des FRC gegründet, damit die Politikempfehlungen seines Think Tank auch effektiv umgesetzt werden können bzw. steuerrechtlich dürfen. Hansen betont, daß der FRC in Präsident Bushs 15-Mrd.-Dollar-Paket zur Aids-Bekämpfung in Afrika involviert war: „Wir haben als Organisation einen wesentlichen Beitrag geleistet. Wir waren sozusagen ein Bremsklotz, als es darum ging, das Gesetz so schnell wie möglich zu verabschieden, weil wir sicherstellen wollten, daß ein bestimmter Anteil dieses Geldes für Abstinenzprogramme verwendet wird."[55] Und seitdem unter Abtreibungsgegnern die Meinung vorherrscht, der Weltbevölkerungsfonds hätte mit seinen Mitteln Zwangsabtreibungen und Sterilisationen in China unterstützt, geriet auch der UN Population Fund (UNFPA) in die Kritik des Family Research Council (siehe weiter unten, S. 105ff.).

Focus on the Family, eine andere Organisation von James Dobson, ist mit einem jährlichen Budget von ca. 130 Millionen US-Dollar (2000) die finanzstärkste Organisation der Christlichen Rechten. Neben einem Ausbildungszentrum unterhält Dobson ein Medienimperium mit Fernseh-Kirchen und Radio-Shows. In Colorado Springs sorgen täglich etwa 1300 Mitarbeiter dafür, daß weltweit rund 100 Fernsehstationen und 3000 Radioanstalten in neun Sprachen das „Evangelium" Doctor Dobsons sehen und hören können. Amerikanischen Bürgern wird nahegelegt, sich bei den Vorwahlen und Wahlen für „pro-family"-Kandidaten einzusetzen, der außenpolitische Fokus ist auf die „chinesische Gefahr" und den Schutz religiös Verfolgter gerichtet.

Als Reaktion auf die Entscheidung des Obersten Gerichts im Falle *Roe versus Wade* entstand 1973 das **National Right to Life Committee (NRLC)**. Mit über 3000 Ortsvereinigungen in allen 50 Bundesstaaten ist das NRLC die größte „Lobby für das ungeborene Leben". Die politische Arbeit verrichtet das **NRL Political Action Committee** mit dem Ziel, die Wahl von „pro-life"-Kandidaten zu fördern. Als „single-issue"-Organisation beschränkt sich das NRLC innen- wie außenpolitisch auf das Thema Abtreibung und äußert sich nicht zu anderen Fragen der Sexualmoral.[56]

Die Organisation **Concerned Women for America (CWA)** empfiehlt sich als Amerikas „größte frauenpolitische Organisation mit 25jähriger Geschichte und Erfahrung". Sie will mit „Gebet und Aktivismus" ihren etwa 500 000 weiblichen und gleichgesinnten männlichen Mitgliedern „helfen, biblische Prinzipien in alle Ebenen der Politik einzubringen".[57] Die CWA unterhalten ein landesweites Netzwerk von Experten und Aktivisten in kleineren und größeren Städten Amerikas, das in 500 regionalen Gruppen organisiert ist. Die tägliche Radiosendung „Concerned Women Today" wird landesweit von 75 Stationen ausgestrahlt. Sie erreicht jede Woche eine Zuhörerschaft von schätzungsweise über einer Million Menschen. Vor Wahlen dienen „nonpartisan voter guides" der Orientierung. Außenpolitische Themen der Concerned Women for America sind „Zwangssterilisationen oder abtreibungen" in China, das Recht der freien Religionsausübung „nicht nur in den USA, sondern weltweit" und die Souveränität Amerikas, die man durch die Vereinten Nationen bedroht sieht.[58]

Das **Eagle Forum** ist eine kleine, gleichwohl in konservativen Kreisen wegen ihrer Pionierstellung im „Kampf gegen feministische Exzesse" hoch angesehene Grass-Roots-Organisation, die nach eigenen Angaben 80 000 Mitglieder in 45 Niederlassungen hat. Das **Eagle Forum Political Action Committee** setzt sich ein für „traditionelle Familienwerte" und nationale Souveränität: „Wir lehnen jegliche Schmälerung der nationalen Souveränität Amerikas durch Verträge (wie den Internationalen Strafgerichtshof) und UN-Konferenzen ab."[59] Die Organisation aktivierte ihre Basis auch gegen Gesetzesvorlagen, die darauf abzielten, die bilateralen Handelsbeziehungen zu China zu normalisieren (MFN-Status). Abstimmungen im Kongreß werden auf dem „scoreboard" publik gemacht: „Wir registrieren Abstimmungen, damit unsere Abgeordneten und Senatoren wissen, daß ihre Bevölkerung im Wahlkreis genau erfahren wird, wie sie abgestimmt haben."[60] Dieses individuelle Abstimmungsverhalten einzelner Senatoren und Abgeordneter ist im Wahlkampf ein entscheidender Faktor.

Wahlkampfstrategie an der christlichen Basis

Am 27. März 2002 unterzeichnete Präsident Bush das Gesetz zur Reform der Wahlkampffinanzierung, die grundlegendste Neuordnung der politischen Spielregeln in den USA seit den siebziger Jahren. Mit der Reform erhalten auch religiös motivierte Partikularinteressen erhebliches Gewicht im Wahlkampf und damit in der politischen Meinungsbildung, vor allem Organisationen mit hohen Mitgliederzahlen und ideologisch-religiöser Motivation.[61] Gesucht werden Individuen, die bereit sind, für ihre Überzeugungen auch Geld zu geben, und gefragt sind Organisationen, die dieses Geld bündeln, zum Beispiel das Organisationsnetzwerk der Christlichen Rechten.

Bei den Kongreßwahlen 2001/2002 konnten die Parteien knapp eine halbe Milliarde US-Dollar an sogenanntem „weichem Geld" *(soft money)* einwerben, das heißt Großspenden von vermögenden Privatleuten, Unternehmen, Gewerkschaften und anderen Interessengruppen. Das novellierte Gesetz untersagt es den Parteien auf nationaler Ebene, solche Mittel zu akquirieren oder auszugeben. Mit der massiven Einschränkung des bis dato unbegrenzten, oftmals in Millionenhöhe reichenden „weichen Geldes" als wichtiger

Einnahmequelle wird das Machtpotential der nationalen Parteiapparate – die im amerikanischen System der „checks and balances" ohnehin schwach sind – noch weiter beschnitten. Die Parteien müssen nunmehr Organisationsstrukturen schaffen, die geeignet sind, viele kleinere Einzelspenden, sogenanntes „hartes Geld", aus den Grass-Roots zu ziehen: Einzelpersonen können bei jeder Wahl bis zu 2000 Dollar direkt einem Kandidaten oder maximal 25000 Dollar einer Partei zuwenden. Damit wurden auch die Möglichkeiten von Organisationen christlich Rechter verbessert, ihren „family values" politisches Gehör zu verschaffen.

Unter den neuen Rahmenbedingungen gewinnen externe Organisationen, die sich auf das Bündeln von Einzelspenden verstehen, größeren Einfluß auf die Parteiapparate. Allen voran die Political Action Committees, kurz PACs genannt.[62] Sie werden organisiert, um Wahlsiege von Kandidaten zu fördern oder zu vereiteln. Die Hebelwirkung ihrer Aktivitäten ist im Vergleich zu jenen von Einzelpersonen vervielfacht, denn die PACs können pro Wahl bis zu 5000 US-Dollar an Einzelkandidaten bzw. jährlich bis zu 15 000 US-Dollar an nationale und bis zu 5000 US-Dollar an Parteien auf der einzelstaatlichen/lokalen Ebene spenden. Gleichzeitig dürfen sie auch höhere Zuwendungen annehmen – im Kalenderjahr bis zu 5000 US-Dollar von Einzelpersonen oder von anderen PACs. In erster Linie repräsentieren PACs die Interessen von Wirtschaft oder Gewerkschaften. Es gibt aber zunehmend auch solche, die auf bestimmte Themen fixiert sind und ihre Interessen in der politischen Arena unter anderem über Anzeigenkampagnen artikulieren.

Die Organisationen der Christlichen Rechten sind gewappnet: Lori Waters, Executive Director des Eagle Forum, auch federführend für die Aktivitäten des Eagle Forum PAC, ist davon überzeugt, „daß das Wahlkampffinanzierungsgesetz den PACs wieder zu einer größeren Rolle im politischen Spiel um die Macht verhilft"[63]. Gary Bauers Campaign for Working Families oder das National Right to Life Committee operieren ebenfalls mit ihrer PAC-Power, und auch die Christian Coalition schickt sich an, ein Political Action Committee zu etablieren.

Die Reform der Wahlkampffinanzierung 2002 verstärkte einen Trend, der schon drei Jahrzehnte zuvor initiiert wurde: Die Neuregelung der Wahlkampffinanzierung im Gefolge des Watergate-Skandals verschaffte den Christlichen Rechten in erheblichem Maße politische Organisationsmöglichkeiten.[64] Seit den siebziger Jahren stiegen sowohl Zahl als auch finanzielle Zuwendungen von PACs rapide an – auch die PACs der Neuen Rechten konnten von diesem Boom profitieren: an der Spitze das National Conservative Political Action Committee, der National Congressional Club und das Committee for the Survival of a Free Congress – später in Free Congress PAC umbenannt.[65]

Bereits in den siebziger Jahren kommunizierten die Pioniere der Christlichen Rechten mit Gleichgesinnten unmittelbar über sogenannte „direct mail"-Kanäle. Bei der jüngsten Reform der Wahlkampffinanzierung wurde die massenmediale Wahlkampfwerbung über Radio und TV eingeschränkt – ein weiterer Grund, warum die „individuelle Massenkommunikation" ins Zentrum der Aufmerksamkeit etablierter Parteistrategen geriet.

Zielgruppenspezifische Kommunikationsformen mit geringen Streuverlusten wie direkte Briefappelle oder E-Mail-Kommunikation sind besonders gut geeignet, kostengünstig den harten Kern der Stammwähler zu mobilisieren und Wahlkampfgeld zu akquirieren.

Experten wie Anthony Corrado begrüßen diese Entwicklung als Demokratisierung der Wahlkampffinanzierung: Die Macht der Kleinspender habe damit zugenommen.[66] So nutzten eine Vielzahl der Anhänger der Demokratischen Partei das Internet, um ihrem Unmut über die Politik George W. Bushs auch mit finanziellen Mitteln Luft zu machen. Durch den Einsatz moderner Kommunikationsmittel gelang es dem Herausforderer John Kerry im Präsidentschaftswahlkampf, den traditionellen Vorsprung der Republikaner beim Eintreiben von Wahlkampfspenden wettzumachen. Dabei waren Einzelspenden über das Internet Kerrys üppigste Finanzierungsquelle.[67]

Ihrerseits versuchen die Republikaner ihre (vor allem auch religiös rechte) Basis an Kleinspendern zu erweitern und mit Hilfe des Internet zu mobilisieren. Ein zusätzlicher großer Vorteil der neuen Kommunikationsmedien besteht darin, daß bei der exklusiven persönlichen Ansprache der religiösen Kernklientel moderate Wähler nicht verprellt oder nicht noch zusätzlich politische Gegner aktiviert werden können – wie es früher bei diffus gestreuten Fernsehkampagnen der Fall war.

Inzwischen zeigt die Christliche Rechte mit Ralph Reed ein jugendliches, moderates Gesicht. Reed, führender pragmatischer Kopf der Christian Right, Parteichef der Republikaner im Südstaat Georgia und Bushs Wahlkampfberater, erklärt die neue Strategie: „Das ist meines Wissens das erste Mal, daß ein amtierender Präsident derartige Anstrengungen unternimmt, eine regelrechte ‚Grass-Roots'-Kampagne zu organisieren, die sich auf Wahlbezirke und Wohngegenden konzentriert, anstelle bisheriger Strategien, die ausschließlich auf Fernsehbilder und die Medien setzten."[68]

Das Organisationsgeflecht der Christlichen Rechten auf der Graswurzelebene ist also in mehrfacher Hinsicht nützlich: zum einen bei der Wahlkampffinanzierung und zum anderen bei der direkten permanenten Wählermobilisierung.

Permanente Wahlkampagne

In den USA ist die Schwäche der Parteien institutionell angelegt. Anders als im parlamentarischen System der Bundesrepublik Deutschland wird im US-System der „checks and balances" die Exekutive nicht von der Mehrheit im Parlament getragen, sondern stützt sich auf ein eigenständiges direktes Wählermandat. Das hat auch Auswirkungen auf die Rolle von Parteien: Parteidisziplin ist prinzipiell nicht erforderlich, um die Regierungsfähigkeit aufrechtzuerhalten.

Ferner bedingen das Wahlsystem und das System der Wahlkampffinanzierung, daß in den USA Parteien nicht annähernd die Bedeutung haben, wie man sie aus der deutschen politischen Praxis kennt. Sie verfügen nur über geringe (Druck-) Mittel, Personal zu rekrutieren oder im Gesetzgebungsprozeß Politik zu formulieren oder Mandatsträger gar zu disziplinieren.

Im Wahlkampf wird ein Abgeordneter oder Senator in seinem Wahlkreis bzw. Einzelstaat nicht primär als Parteivertreter, sondern als politischer Einzelunternehmer wahrgenommen, der nicht zuletzt auch von Interessengruppen auf der Grundlage seines persönlichen Abstimmungsverhaltens finanziert und definiert wird. Mitgliederstarke, gut organisierte Einrichtungen und Interessengruppen haben deshalb durch ihre Wählermobilisierung und ihr effektives Bündeln von Wahlkampfzuwendungen ein starke Stimme in der politischen Debatte und in der Gesetzgebung.

Sogenannte Themenanzeigenkampagnen, die auch von religiös motivierten Political Action Committees und anderen Organisationen der Christlichen Rechten geschaltet werden, sind ein wichtiges politisches Sprachrohr. Ein wirksames Mittel, um Einfluß auf den Gesetzgebungsprozeß und die Wiederwahl zu nehmen, sind sogenannte „Wählerprüfsteine" *(scorecards)* und „Orientierungshilfen für Wähler" *(voter guides)*. Die Christian Coalition, die prominenteste Organisation der Christlichen Rechten, ist wie viele andere Interessengruppen darum bemüht, ihre Anhängerschaft auf das Abstimmungsverhalten einzelner Abgeordneter aufmerksam zu machen. Bei den Wahlen im Herbst 2002 war in der Gebrauchsanweisung „How to Use This Scorecard" zu lesen: „Die Christian Coalition verteilt Millionen dieser *scorecards* im ganzen Lande, damit ‚pro-family'-Amerikaner wissen, wie ihre Abgeordneten bei wichtigen Gesetzesvorlagen abstimmten. [...] Die Zukunft unserer Familien hängt davon ab, daß besorgte Bürger wie Sie sich engagieren! Denken Sie daran, am 5. November zur Wahl zu gehen!"[69] Der *scorecard*-„informierte" Wähler kann sich anhand der angegebenen Indizes (von 0 bis 100%) selbst ein Urteil darüber bilden, wer ein 100%iger Wegbegleiter oder Wegbereiter der guten Sache gewesen ist.

Dieser externe Einfluß ist als erheblich einzuschätzen, vor allem bei den Kongreßwahlen. Da US-Abgeordnete und Senatoren keiner Parteidisziplin unterworfen sind, können sie sich auch nicht hinter ihr verstecken. Einzelne Politiker laufen ständig Gefahr, im Rahmen einflußreicher Kampagnen an den Pranger gestellt und gegebenenfalls bei der Kandidatur um eine Wiederwahl persönlich zur Rechenschaft gezogen zu werden. Sie wägen deshalb bei jeder einzelnen Abstimmung gründlich ab, wie sie sich bei den nächsten Wahlen für sie persönlich auswirken könnte. Bei der UNFPA-Abstimmung (über die Finanzen des Weltbevölkerungsfonds, siehe weiter unten, S. 107f.) zum Beispiel stellte neben anderen Grass-Roots-Organisationen der Christlichen Rechten auch das Eagle Forum Kongreßabgeordnete vor eine solche Gewissensentscheidung: „Die UNFPA-Abstimmung wird morgen stattfinden", erklärte die Geschäftsführerin des Eagle Forums Lori Waters. „Deshalb haben wir mit einem E-Mail-Alarm unsere gesamte Mitgliederbasis informiert: ‚Die Abstimmung wird extrem knapp ausfallen, fordert deshalb Euren Abgeordneten auf, für diese Gesetzesänderung zu stimmen.'" Das Eagle Forum werde die Abstimmung auch auf seinem „scoreboard" bekanntgeben, so Lori Waters weiter: „Wenn ein Kongreßabgeordneter sieht, daß er auf einer Liste steht, dann ist er wirklich hellwach und merkt, daß er Farbe bekennen muß."[70]

Diese themenspezifischen Kampagnen, an denen sich oft eine Vielzahl christlich rechter Interessengruppen, Graswurzel-Organisationen und interessengebundener Think Tanks beteiligen, werden über Netzwerke koordiniert. Damit wird der unmittelbare Einfluß bei der legislativen Willensbildung erhöht und werden mögliche kontraproduktive Wirkungen abgeschwächt, die den langfristigen Zusammenhalt der Republikanischen Wählerkoalition gefährden könnten.

Themen und Netzwerke
der religiösen Rechten

Was sind die wesentlichen politischen Voraussetzungen für den Machterhalt der Republikaner und der christlichen Rechten? Für die Strategen einer umfassenden Republikanischen Wählerkoalition war und bleibt es eine besondere Herausforderung, die Christliche Rechte zu integrieren, ohne dabei andere Wähler zu verlieren. Denn es gilt ein breites Spektrum von Republikanern – vom wirtschafts- und wertelibertären bis hin zum wertkonservativen, christlich rechten Pol – unter einem Dach zu halten. Strategen der christlichen Rechten und der Republikanischen Partei konzentrieren sich deshalb auf einigende wirtschafts- und außen-, dabei vor allem sicherheitspolitische Themen im Kampf gegen den Terrorismus. Innenpolitische Auseinandersetzungen um heikle Themen wie Abtreibung werden abgeschwächt und in die Außenpolitik verlagert, zumal außenpolitische Auseinandersetzungen und Erfolge vielversprechender und weniger riskant für den Zusammenhalt des eigenen Lagers sind. Die verschiedenen und divergierenden Positionen werden in Netzwerken aufeinander abgestimmt.

Innenpolitik

Im Gegensatz zur Außen- und auch Wirtschaftspolitik sind sogenannte „cultural/social issues", Themen der Sexualmoral wie Abtreibung oder Homosexualität, denkbar schlecht geeignet, um eine dauerhafte Wählerkoalition zu schmieden.

Themen der Sexualmoral

Bei Themen der Sexualmoral wie Abtreibung oder Homosexualität ist es schwierig, einen tragfähigen gemeinsamen Nenner für die verschiedenen politischen Vorstellungen zu finden. Bewegt sich die Wahlkampfstrategie zum Beispiel zu sehr in Richtung absoluter Abtreibungsgegner, könnten weniger strikte Abtreibungsgegner und -befürworter verprellt werden. Beim Thema gleichgeschlechtliche Ehe bzw. staatlich geförderte Lebensgemeinschaften machen sich vor allem Homosexuelle im eigenen Lager für eine Liberalisierung stark. Der Kampf der „Rechtgläubigen" *(true believers)* gegen „Modernität" und für „wahre Werte" hält wiederum wirtschaftsliberal denkende Republikaner auf Distanz.[71] So wurden die Hoffnungen derjenigen enttäuscht, die erwartet hatten, daß die sexuellen Eskapaden Clintons den Einfluß der Evangelikalen erheblich steigern und einen erdrutschartigen Stimmenzuwachs zugunsten der Republikaner bewirken würden. Die moralische Hexenjagd schreckte im Gegenteil viele gemäßigte Republikaner ab und half, die Linke zu aktivieren. Paul Weyrich, ein führender strategischer Kopf der Christlichen Rechten, erklärte nach dieser Enttäuschung gar den „Kulturkrieg" für verloren und sah einen Erfolg der „moralischen Mehrheit" in unerreichbare Ferne gerückt.[72]

Nach diesen Erfahrungen gehen Republikanische und christlich rechte Wortführer auch in der Gesetzgebung pragmatischer vor. Zum Beispiel bremste Bush, nachdem es ihm gelungen war, die sogenannte „partial birth abortion" unter Strafe zu stellen, weitergehende Erwartungen, indem er darauf hinwies, daß Amerikaner noch nicht bereit seien für ein generelles Verbot von Abtreibungen. Der sogenannte Partial-Birth Abortion Ban stellt ein Verfahren zum Schwangerschaftsabbruch unter Strafe, bei dem der Fötus getötet wird, wenn er sich teilweise bereits außerhalb des Mutterleibes befindet. Das Gesetz, der Partial-Birth Abortion Ban Act of 2003, wurde von Präsident Bush am 5. November 2003 unterzeichnet.[73] Der legislative Zwischenerfolg ist für den Präsidenten politisch weniger problematisch, als es die Einschränkung anderer Abtreibungspraktiken wäre. Denn es handelt sich hierbei um eine Abtreibungsform, die auch in der Bevölkerung mehrheitlich abgelehnt wird. Mit den Worten eines Republikanischen Mitarbeiters im Kongreß: „Das war vielleicht das erfolgreichste ‚pro-life'-Thema innerhalb der letzten Dekade, was die PR und die

Mobilisierung unserer politischen Basis angeht. [...] Das ist eines der Themen, das die [rechte] Basis mobilisiert, aber das Zentrum nicht abschreckt."[74] Ein zu harter politischer Kurs in der Abtreibungsfrage wäre jedoch mit dem Risiko verbunden, Wähler in der politischen Mitte zu verlieren und den Zusammenhalt der eigenen Koalition zu gefährden.

Wirtschaftspolitische Glaubenssätze

Anders als bei Themen der Sexualmoral sind die Vorstellungen christlich Rechter bei wirtschaftspolitischen Themen durchaus kompatibel mit den übrigen Strömungen konservativen Denkens. „Defunding the government" lautet der gemeinsame Nenner der Republikaner – außer bei militärischen und sicherheitspolitischen Funktionen. „Weniger Sozialstaat", „weniger Steuern" sind Glaubenssätze konservativen Wirtschaftsdenkens in den Vereinigten Staaten. Als Wirtschaftssubjekte gelten Individuen in freier Verantwortung. Staatliche Interventionen in der Wirtschafts- und Sozialpolitik sind demzufolge überflüssig, ja kontraproduktiv: „Staatliche Regulierung schafft mehr Probleme als sie löst." Zu dieser Aussage bekennen sich auch 59% der engagierten evangelikalen Christen in den USA.[75] Dieses konsensstiftende wirtschaftspolitische Gedankengut wird über Organisationen wie Think Tanks in praktische Politik übersetzt.

Republikaner sind sich einig in der Zielsetzung, den Einfluß des Staates auf die Wirtschaft zu reduzieren. Wirtschaftslibertär überzeugte Republikaner glauben an die unsichtbare Hand des Marktes. Für viele Born-Again-Christians und überzeugte Evangelikale sind persönliche Verfehlungen und unmoralisches Handeln die Ursache für wirtschaftliches Versagen: „Schwarze sind meist selbst verantwortlich für ihre Lage", meinen zum Beispiel etwa zwei Drittel (64%) der engagierten Evangelikalen.[76] Die Idee staatlicher Sozialleistung und Wohlfahrt hat in diesem Denken keinen Platz.

Auch Neokonservativen gilt der Verfall der staatsbürgerlichen Moral als Wurzel allen, auch wirtschaftspolitischen Übels. Noch bis weit in die sechziger Jahre wollten Neokonservative – ehemalige Linksintellektuelle, die zum Konservatismus konvertierten – staatlich regulierend, gestützt mit „objektivem Faktenwissen" der Wissenschaft, zum Fortschritt einer „intelligenten Demokratie" beitragen. Kennedys „New Frontiersmen", und die „Architekten" der „Great Society" in der Johnson-Ära waren von diesen positivistischen Ideen inspiriert. Dieser Zeitgeist basierte auf der Prämisse Auguste Comtes, daß nur objektiv erkennbare Tatsachen und nicht etwa metaphysische Überlegungen Grundlage wissenschaftlicher Erkenntnisse sein können. Doch die zum Teil unrealistischen Erwartungen schlugen hart auf dem Boden der Tatsachen auf. Enttäuschungen über die reale Welt machten schließlich zahlreiche Linksintellektuelle zu sogenannten „neo-conservatives" – zu „mugged by reality liberals", wie es der geistige Führer dieser Bewegung Irving Kristol nicht ohne Selbstironie ausdrückte.

Besonders in den sechziger und siebziger Jahren wurde das Vertrauen in sozialwissenschaftliche Theorie und Hypothesenbildung durch die schockierende Realität des Vietnamkrieges und der Rassenunruhen schwer erschüttert. Das vielen Wirtschaftswissenschaftlern unerklärliche ökonomische Phänomen der Stagflation tat ein Übriges.

Mit der intellektuellen Unterstützung der Neokonservativen wurden die Stimmen derjenigen Sozialwissenschaftler populärer, die schon seit dem Ende des Zweiten Weltkrieges vor dem Weg in die Knechtschaft warnten[77] und den Individualismus als Grundidee wirtschaftlicher Ordnungsvorstellungen begriffen.[78] Der Chicagoer Schule der Angebotstheoretiker und Monetaristen gelang es schließlich, den bislang vorherrschenden Keynesianismus, der dem Staat eine starke Rolle zuweist, zu marginalisieren und ein neoliberales Paradigma in Wissenschaft und Politik zu etablieren[79] – nicht zuletzt mit Hilfe der politischen Unterstützung (neo-) konservativer Think Tanks.[80]

Bereits während des Zweiten Weltkrieges machten sich konservative Kreise über die wirtschaftliche Nachkriegsordnung Gedanken – Überlegungen, die 1943 in der American Enterprise Association organisatorische Gestalt annahmen. Später (1960) umbenannt in American Enterprise Institute for Public Policy Research (AEI), befürwortete diese Gruppe eine geringere Rolle des Staates und positionierte sich damit wirtschaftspolitisch weit außerhalb des Mainstreams. Mit der Gründung des Hudson Institute 1963 wurde ein Prototyp einer Wissenschaftszunft etabliert, die ihr Handwerk anders verstand: Hudson brach mit der bisherigen Form der „objektiven wissenschaftlichen" Beratung und artikulierte freimütiger seine konservativen Beweggründe. Mit der Gründung der Heritage Foundation 1973 wurde die „Politik der Ideen" (politics of ideas) mit anderen Mitteln fortgesetzt: Heritage erschütterte die traditionelle Weltordnung amerikanischer Think Tanks mit der Erklärung des „war of ideas".

Die Heritage Foundation wurde zwar von Paul Weyrich mit begründet, sie ist jedoch keine christlich rechte Organisation. Heritage hat sich von Anfang an weniger den sogenannten „moral issues" als vielmehr wirtschaftspolitischen Themen gewidmet. Die Heritage Foundation wurde aber zum Vorbild für eine rapide anwachsende Spezies von ideologischen, nicht zuletzt auch christlich rechten Think Tanks. Der politische Erfolg ideologischer Organisationen zwang schließlich die etablierten akademischen Think Tanks wie die Brookings Institution, ihre bisherige Strategie auf dem Marktplatz der Ideen zu überdenken.

Auf dem heutigen US-Markt konkurrieren unterschiedliche Vorstellungen von Ideen. Der traditionelle pragmatische Ansatz mit seinen empirischen Methoden wie ihn Brookings seit jeher praktiziert, weicht heute mehr und mehr idealistischen Fragestellungen und religiösen Überzeugungen.

Think Tanks nehmen in den USA eine zentrale Position auf dem sogenannten „Marktplatz der Ideen" ein, denn Parteien spielen – mit Ausnahme ihrer Funktion bei den Wahlen – eine untergeordnete Rolle. „Das Unvermögen der Parteien, neben der Ideenproduktion auch Eliten- und Informationstransfer zu bewerkstelligen, ist ursächlich dafür verantwortlich, daß ideologisch geprägte Think Tanks als Ideenagenturen diese Funktionen strategischer Denk- und Deutungseliten im politischen Prozeß wahrnehmen. Außerdem kompensieren sie die Schwäche der politischen Parteien bei der Informations-, Diffusions- und Netzwerkfunktion und bieten Möglichkeiten des eleganten Elitentransfers."[81] Sogenannte „advocacy tanks", interessenorientierte Think Tanks,[82] die oftmals auch den entsprechenden rechtlichen Status erwerben, um Lobbying an der politischen Basis (grassroots lobbying) betreiben zu können,[83] arbeiten strategisch in sogenannten „Themennetzwerken" mit politisch gleichgesinnten Politikern, Journalisten und Wirtschaftsvertretern zusammen, um ihre Politikvorstellungen in die Tat umzusetzen.

Abstimmung in Netzwerken

Die religiöse Rechte kann in Anlehnung an die politikwissenschaftlichen Konzepte Hugh Heclos bzw. Winand Gellners als „Themennetzwerk"[84] oder „Tendenzkoalition"[85] begriffen werden. Das Themennetzwerk der Christlichen Rechten besteht aus Personen, Organisationen und Institutionen verschiedener Bereiche – Exekutive, Kongreß, Medien, Universitäten, Interessengruppen, Graswurzel-Organisationen und Think Tanks – mit gemeinsamen Wertvorstellungen und Problemperzeptionen, das heißt Weltbildern. Diese Tendenzkoalitionen oder „advocacy coalitions" können parteiübergreifend wirken, aber „sie können sich parteipolitisch durchaus verdichten".[86] Den gemeinsamen Nenner bilden ähnliche Interessen und politische Überzeugungen, über die sich Themennetzwerke (sogenannte „issue networks") definieren und politisch organisieren.

Um die politische Verbindung zu stärken, haben die Republikaner das moralische Netzwerk der christlichen Rechten mit dem wirtschaftspolitischen verknüpft. Grover Norquist, Präsident der Americans for Tax Reform (ATR) und Vertrauter Karl Roves, organisiert in seinem zentral gelegenen Büro in Washington ein wöchentliches „Wednesday Meeting" mit mittlerweile 100 bis 150 Amtsträgern der Legislative und Exekutive sowie Vertretern von Interessengruppen und Basis-Organisationen, bei dem vorwiegend über fiskal- und außenpolitische Themen diskutiert wird. Das

„Lunch Meeting" von Paul Weyrich, Chairman und CEO der Free Congress Foundation, an dem regelmäßig ca. 70 Personen teilnehmen, findet ebenfalls mittwochs in der Nähe des Parlamentsgebäudes auf dem sogenannten Capitol Hill statt; hier geht es um moralische Fragen der Sozialpolitik, um nationale Sicherheit und um andere außenpolitische Themen. Bei beiden Treffen sind unter anderen auch alle oben vorgestellten Organisationen der Christlichen Rechten vertreten. Die Treffen sind zeitlich so aufeinander abgestimmt, daß Teilnehmer des einen auch das andere besuchen können. Norquists und Weyrichs Netzwerke koordinieren ihre Aktivitäten am Rande des politischen Spielfeldes, greifen aber auch direkt in die Auseinandersetzung im zentralen Entscheidungssystem ein. Umgekehrt nehmen die führenden Köpfe der Legislative und Exekutive an den Mittwochsrunden teil, um das taktische Vorgehen bei geplanten Gesetzesinitiativen oder die Aufstellung des Teams für künftige Wahlkämpfe zu besprechen und politischen Nachwuchs aus den eigenen Reihen ins Spiel zu bringen.

Auch im Parlament wird Politik über Netzwerke Gleichgesinnter oder Gleich-Interessierter gesteuert. Aufgrund der schwachen Rolle amerikanischer Parteien im Gesetzgebungsprozeß haben im Kongreß informelle Gruppen, sogenannte „caucuses" oder „congressional member organizations", zentrale Bedeutung.[87] Caucuses können parteiübergreifend wirken, sie können aber auch parteiintern bestimmte Gruppierungen bündeln. Die Zugehörigkeit von Abgeordneten zu solchen

Arbeitsgruppen ist ein für Wähler und Interessengruppen wichtiges Orientierungsmerkmal: „Wenn wir im Gesetzgebungsverfahren die nötigen Abstimmungen brauchen", erklärt der Lobbyist Jeffrey DeBoer, „müssen wir nicht jedes Mal von vorn anfangen. Wir haben eine Basis von Unterstützern, auf die wir zählen können." Kurz „one-stop shopping", nennt es der Wirtschaftspraktiker DeBoer.[88] Auch aus Sicht der Parteiführung sind diese Gruppen berechenbar, besonders wenn es darum geht, bei bestimmten Abstimmungen Mehrheiten einzuschätzen und zu schmieden.

Abgeordnete und Senatoren mit moralisch konservativer, christlich rechter Gesinnung sind im Kongreß gut organisiert: Eine der einflußreichsten Gruppen ist das mittlerweile 100 Mitglieder starke Republican Study Committee (RSC) im Abgeordnetenhaus. Bis Mitte der neunziger Jahre (als das RSC nur etwa 40 Abgeordnete zählte) wurde es vom jetzigen Mehrheitsführer Tom DeLay geführt – in Kooperation mit Jim Backlin, inzwischen Chef-Lobbyist der Christian Coalition. Die Gruppe hält moralische Werte hoch und sieht sich als „konservatives Gewissen" der Republikanischen Partei.[89] Die Nähe zur Führung im Repräsentantenhaus verschafft dem RSC eine wichtige Rolle – vor allem wenn es gilt, Spannungen zwischen wirtschaftslibertären und wertkonservativen Parteimitgliedern auszugleichen.

Die Wertkonservativen, mittlerweile eine Gruppe von etwa 60 Abgeordneten, sind im „Value Action Team" (VAT) zusammengeschlossen. Das VAT wird vom Abgeordneten Joseph Pitts geleitet und koordiniert die Positionen verschiedener Interessengruppen, Think Tanks und anderer externer Akteure im legislativen Prozeß. „Es war die Idee meines Chefs", erklärt Deana Funderburk aus dem Büro Tom DeLays. „Er sagte, daß wir die politische Aufmerksamkeit dieser externen Gruppen auf bestimmte Themen und Inhalte konzentrieren und ihre Initiativen bündeln müssen, damit sie eine Kraft innerhalb der Partei bilden und unsere Agenda traditioneller Familienwerte vorantreiben können."[90] Auch externe Gruppen sind von dieser Vernetzung angetan: „Wir sind Teil des Value Action Team", bezeugt Lori Waters vom Eagle Forum. „Wir engagieren uns nunmehr schon seit einigen Jahren. Es ist eine sehr schlagkräftige Gruppe, weil sie im Kongreß sozial- und moralkonservative Abgeordnete aktiviert. Wir externen Gruppen bekommen ebenfalls einen Aktionsplan, [...] damit wir sozialkonservative Themen effektiver beeinflussen können."[91] Laut Lori Waters vom Eagle Forum sind in diesem informellen Netzwerk etwa 30 bis 40 Organisationen, insbesondere die christlich rechten, regelmäßig vertreten. Umgekehrt kann die politische Führung im Abgeordnetenhaus Unterstützung an der Basis aktivieren, um Themen mit moralischem Gehalt in ihrem Sinne zu beeinflussen.[92]

Das vor kurzem etablierte Pendant auf der Senatsseite wird von Senator Sam Brownback geleitet.[93] Auch hier treffen sich gleichgesinnte Senatoren oder ihre federführenden Mitarbeiter wöchentlich und koordinieren ihre legislative Arbeit mit religiösen Interessengruppen. Leitende Netzwerker des Abgeordnetenhauses sind ebenfalls beteiligt, um die Aktivitäten beider Kammern zu koordinieren. Senator Sam Brownback und der Abgeordnete Joseph Pitts stimmen sich regelmäßig ab und senden ihren jeweiligen Gruppen in Senat und Abgeordnetenhaus ein wöchentliches Briefing über anstehende Themen und aktuelle Interessenlagen.[94]

Der Einfluß des Netzwerkes reicht bis in die Senatsführung. „Wir haben sehr gute Beziehungen zu [Majority Leader] Bill Frist", bestätigt Kristin Hansen, Media Director des Family Research Council. „Er beschäftigt einen Mitarbeiter, der zuvor eine wesentliche Rolle im Value Action Team spielte. Das zeigt uns, daß Senator Frist die Bedeutung der Sozial- und Moralkonservativen innerhalb der Republikanischen Partei einzuschätzen weiß."[95] Die Zirkel auf beiden Seiten des Kapitols bestehen zu etwa einem Drittel aus Kongreßmitarbeitern und zu zwei Dritteln aus Externen: Graswurzel-Organisationen, Interessengruppen, Lobbyisten und Think Tanks.[96] Diese Netzwerke beschäftigen sich immer häufiger mit außenpolitischen Fragen.

Außenpolitik

Moralische Positionen spielen auch in der Außenpolitik eine zusehends sichtbare Rolle. Strategen der Republikaner entschärfen heikle Themen wie Aids oder Abtreibung in der innenpolitischen Auseinandersetzung und verschieben diese Reizthemen in die außenpolitische Arena. Auf diese Art entstehen neue Betätigungsfelder für die Christliche Rechte, ohne daß dabei gemäßigtere Wähler abgeschreckt werden. „Die amerikanische Wählerschaft war tief gespalten in diesen Kulturkriegen, und niemand hätte sie gewonnen." Mit diesen Worten erklärt Richard Cizik, Direktor der National Association of Evangelicals in Washington, die Abkehr von innenpolitischen Stellungskriegen und die Hinwendung der Christian Right zu außenpolitischen Themen. Die neuen internationalen Bemühungen hingegen, so Cizik, „erweisen sich als voller Erfolg" („are going gangbusters").[97]

Auch in anderer Hinsicht spielt Außenpolitik – in der eigenen Wählerkoalition – eine konsensstiftende Rolle. Mit dem Terrorismus wurde eine neue Bedrohung virulent, die ein enges Zusammenrücken im Kampf gegen den äußeren Feind notwendig erscheinen läßt.

Irakkrieg

Für Präsident Bush und seine Parteigänger ist der Waffengang im Irak nur eine weitere Schlacht im langwierigen Krieg gegen den Terrorismus. Dennoch blieben vor der Intervention Zweifel, ob Amerika dem Kurs seines Obersten Befehlshabers geschlossen folgen würde.[98] Die Amerikaner standen nicht einmütig hinter ihrem Präsidenten, sie waren in der Irakfrage geteilter Meinung: 84% der Parteigänger des Präsidenten unterstützten den Krieg; nur 37% der Demokraten waren bereit, dem Kurs George W. Bushs zu folgen.[99]

Angesichts der mangelnden parteiübergreifenden Unterstützung war Präsident Bush um so mehr auf den Rückhalt seiner Basis angewiesen. Es hing also sehr viel davon ab, wie er seine Anhänger auf den Waffengang gegen den irakischen Diktator einstimmte. George W. Bush assoziierte schließlich nicht nur die Lage im Irak mit der existentiellen Bedrohung Amerikas durch Massenvernichtungswaffen in den Händen von Terroristen, sondern machte seinen Landsleuten auch die historische Mission Amerikas deutlich: „Wir gehen mit Zuversicht voran, weil dieser Ruf der Geschichte das richtige Land erreicht hat. [...] Die Amerikaner sind ein freies Volk, das weiß, daß die Freiheit das Richtige für jeden Menschen und die Zukunft jeder Nation ist. Die Freiheit, die wir schätzen, ist nicht Amerikas Geschenk an die Welt, sie ist das Geschenk Gottes an die Menschheit. Wir Amerikaner glauben an uns, aber nicht nur an uns. Wir geben nicht vor, alle

Wege der Vorsehung zu kennen, aber wir vertrauen in sie, setzen unser Vertrauen in den liebenden Gott, der hinter allem Leben und der gesamten Geschichte steht. Möge Er uns jetzt leiten. Und möge Er weiterhin die Vereinigten Staaten von Amerika segnen."[100]

Nach dieser kriegsvorbereitenden Rede zur Lage der Nation vom 28. Januar 2003 wurde dem Präsidenten eine merklich größere Zustimmung für seine Politik von weißen, wiedergeborenen *(born-again)* Protestanten zuteil als vom Rest der Bevölkerung (vgl. Abb. 3, S. 130).

Mitte Februar 2003 befürworteten 59% der Bevölkerung den Krieg, darunter 70% derjenigen, die sich als „Mitglieder der religiösen Rechten" identifizierten. Neben der parteipolitischen Unterstützung spielten also auch religiöse Motive eine Rolle: 62% der Amerikaner, denen Religion „sehr wichtig" ist, unterstützten den Krieg und 49% derjenigen, denen Religion „nicht sehr wichtig" ist.[101]

Mit seiner wegweisenden Rede zur Lage der Nation wollte der Oberste Befehlshaber seine Anhänger auf den Waffengang vorbereiten. Seine Wortwahl mag europäische Beobachter irritieren, vielen seiner Landsleute gab sie jedenfalls Zuversicht. George W. Bush ist nicht der erste Präsident, der religiöse Rhetorik bemüht, um seine Politik zu legitimieren und Unterstützung zu mobilisieren. Gerade in Krisenzeiten – Amerika sieht sich seit dem 11. September 2001 im Krieg – fand das Bemühen um eine religiöse Sinngebung immer wieder Eingang in „historische" Reden amerikanischer Präsidenten.[102] Der amtierende Präsident (und sein Chef-Redenschreiber Michael Gerson)[103] gibt sich den evangelikalen Christen darüber hinaus häufig durch die Wahl seiner Sprache als einen der ihren zu erkennen.[104]

Diese Rhetorik ist identitätsstiftend und rückt das „von Gott beinahe auserwählte [almost chosen]" Amerika (so schon Abraham Lincoln) in die unmittelbare Nähe des auserwählten Volkes Israel.

„Jüdisch-christliche Schicksalsgemeinschaft"

Wenn Präsident Bush mit „moralischer Klarheit" gegen Terroristen vorgeht, sehen ihn seine politischen Verbündeten auch fest an der Seite Israels – ein Kernanliegen der christlich rechten wie der jüdischen Lobby. Vor der Zäsur 9/11 wurde allzu deutliche Parteinahme für Israel vielerorts, selbst im eigenen Lager, kritisch kommentiert und zwischen dem nationalen Interesse Amerikas und jenem Israels differenziert. Nach den traumatischen Anschlägen vom 11. September 2001 betonen mehr Amerikaner die „jüdisch-christliche Schicksalsgemeinschaft" und suchen gemeinsam Sicherheit im Kampf gegen den Terrorismus:[105] „Die Kriegsschauplätze sind unterschiedlich, aber die Schlachten – Amerikas gegen Al Qaida, Israels gegen Hamas – sind ein und dasselbe. [...] Ebenso wie das Problem mit Al Qaida erfordert das unmittelbare Problem mit Hamas Militäraktionen."[106] Seit den

Terroranschlägen fühlen sich Amerikaner denselben Feindseligkeiten ausgesetzt und ebenso verwundbar wie die Israelis in ihrem Heimatland.

Besonders für evangelikale Christen ist das Wohlergehen Israels eine Frage der nationalen Sicherheit Amerikas: „Amerika wird keine freie Nation bleiben, wenn wir Israels Freiheit nicht verteidigen."[107] Mit diesem Satz brachte Jerry Falwell den Kerngehalt der „jüdisch-christlichen Schicksalsgemeinschaft" schon Anfang der achtziger Jahre zum Ausdruck. Zwanzig Jahre später sprach der Republikanische Abgeordnete Tom DeLay, bekennender evangelikaler Christ aus Texas und Mehrheitsführer im Abgeordnetenhaus, erneut von dem „Schicksal, das Amerika und Israel teilen".[108]

Das politische Engagement der Christlichen Rechten in der Nahostpolitik, und dabei vor allem das Eintreten für den Schutz Israels, kann mit mehreren Faktoren erklärt werden. Die traditionelle anti-semitische Haltung fundamentalistischer Christen findet seit dem Holocaust keine gesellschaftliche Akzeptanz mehr. Laut Grover Norquist, einem einflußreichen Strategen der Republikaner, sehen konservative Christen in der Unterstützung Israels die Gelegenheit, ihr intolerantes Image eher loszuwerden: „Sie sind es leid, als Antisemiten gebrandmarkt zu werden."[109]

Viele sehen zudem in der Gründung des Staates Israel ein Zeichen für die Erfüllung biblischer Weissagungen: Jesus Christus wird erst dann wiederkommen, wenn Israel in seinen alttestamentarischen Grenzen etabliert ist. Erst dann ist der Boden für den Entscheidungskampf (Armageddon) bereitet, bei dem das „Gute" endgültig über das „Böse" siegen wird.[110]

Auch wenn man dieser Eschatologie nicht folgen möchte, handelt es sich aus der Sicht des christlich Rechten Gary Bauer dennoch um eine – von der allgemeinen Bevölkerung besser nachvollziehbare – grundsätzlich moralische Angelegenheit: „Bei den christlichen Zionisten herrscht ein sehr starker Glaube an den ‚Abraham-Bund'[111]. Sie wären sehr ungehalten, wenn auch nur ein winziger Teil des Landes für ein Friedensversprechen aufgegeben würde. Ich denke, daß eine größere Gruppe von Christen ihre Opposition gegen die Preisgabe von Land eher moralisch als religiös begründet, wobei das moralische Argument lautet, daß man Bösewichtern gegenüber keine Konzessionen machen soll."[112]

Ob nun religiös oder moralisch motiviert, evangelikale Christen sehen sich in einer Schicksalsgemeinschaft mit Israel im Kampf gegen das Böse: „Wir haben einen gemeinsamen Feind, und das sind die Terroristen."[113] In der Auseinandersetzung zwischen Gut und Böse gibt es keine neutrale (Vermittler-) Position: Christlich Rechte wie Roberta Combs, Präsidentin der Christian Coalition, bezweifeln, daß die Differenzen zwischen der jüdisch-christlichen Gemeinschaft auf der einen und Muslimen auf der anderen Seite miteinander zu versöhnen sind.[114] Diese heute deutlich sichtbare „moralisch klare" Argumentationslinie wurde schon in den achtziger Jahren von neokonservativen und christlich rechten Vordenkern vorgezeichnet.

Pro-Israel-Lobby

Für den theokonservativen Jerry Falwell ist mangelnde Unterstützung Israels oder gar Parteinahme gegen Israel gleichbedeutend damit, sich gegen Gott zu stellen: „To stand against Israel is to stand against God."[115] Falwell konstatierte bereits Ende der siebziger Jahre, daß es seit einigen Jahren „Vorfälle auf höchster Ebene" gegeben habe, die zu erkennen gäben, daß Amerika von der Seite Israels zu weichen beginnt. „Wenn es uns nicht gelingen sollte, Israel zu schützen", warnte Falwell eindringlich, „sind wir auch nicht mehr länger für Gott wichtig. Für einen Christen ist politische Parteinahme in dieser Frage nicht nur ein Recht, sondern eine Pflicht."[116]

Mitte der achtziger Jahre begegnete der neokonservative Vordenker Irving Kristol dieser – damals noch vielen Juden tief suspekten – politischen Annäherung der Christlichen Rechten und stellte die rhetorische Frage: „Welche Auswirkungen wären zu erwarten, wenn sich die Moralische Mehrheit gegen Israel stellte?"[117] Kristol mahnte amerikanische Juden, über ihre Vorbehalte gegen den moralischen Dogmatismus der Christlichen Rechten (zum Beispiel bei den Themen Abtreibung und Schulgebet) hinweg und der Existenzfrage Israels pragmatisch ins Auge zu sehen. Laut

Kristol können sich amerikanische Juden nicht mehr auf ihre traditionellen Alliierten verlassen: weder auf schwarze Kongreßabgeordnete noch auf die Gewerkschaften. Er konstatierte den Zerfall der liberalen Regierungskoalition Roosveltscher Prägung, einen schwindenden liberalen Konsens, ja „eine moralische und spirituelle Krise sowie eine Krise westlich-liberal-säkularen Gedankenguts".[118] Juden in Amerika hätten sich zunehmend einer „deutlicheren und bedeutungsvolleren jüdischen Identität" hin- und vom „universalistischen säkularen Humanismus" abgewendet.[119] Darüber hinaus hätten in Amerika anti-israelische Haltungen deutlich zugenommen. Kristol prophezeite, „daß die Unterstützung der Moral Majority in naher Zukunft entscheidend für die Existenz des jüdischen Staates werden könnte".[120] Kurz: Er plädierte für die politische Wahlverwandtschaft mit der Christlichen Rechten als Ausweg aus dem „politischen Dilemma amerikanischer Juden", denn „Juden finden sich wieder mit dem altbekannten Zustand politischer Heimatlosigkeit konfrontiert".[121]

Für Elliott Abrams bleibt es wichtig, daß Juden verstehen lernen, „daß künftig konservative Christen Israels Lobby sein müssen, weil es dafür nicht genug Juden geben wird"[122]. Abrams ist als Senior Director im National Security Council (NSC) im Weißen Haus für Nahostfragen zuständig. Vor seinem Eintritt in die Bush-Administration leitete er das Center for Ethics and Public Policy (CEPP). Das CEPP ist ein religiöser Think Tank, der sich der Aufgabe widmet, Juden und konservative Christen miteinander zu versöhnen. Abrams gehört zum harten Kern neokonservativer Kritiker des israelisch-palästinensischen Friedensprozesses.

Er gilt drüber hinaus als einer der prominentesten Gegner der Zwei-Staaten-Lösung, die vom sogenannten „Quartett" – bestehend aus den USA, der EU, der Russischen Föderation und den Vereinten Nationen – in Form einer „Wegskizze" (Road Map) vorgezeichnet wurde. Abrams arbeitet gegen die parallele Interpretation der Road Map, nämlich gleichzeitig den Waffenstillstand und die politische Konfliktlösung voranzutreiben. Er bremst die Vorgehensweise im Friedensprozeß, die von Palästinensern, den Europäern und vom State Department befürwortet wird. Unterstützt vom Pentagon fordern Israel und seine amerikanische Interessenvertretung AIPAC, das American Israel Public Affairs Committee, seit langem „security first": Erst soll die Sicherheit Israels gewährleistet, das heißt terroristische Attentate beendet und terroristische Organisationen aufgelöst werden, dann könne man über alles weitere reden.

Bei ihrem Einsatz für die nationale Sicherheit der USA und Israels können neokonservative Strategen wie Abrams nicht nur mit der finanziellen und logistischen Hilfe des American Israel Public Affairs Committee (AIPAC) und anderen pro-Israel PACs rechnen, sondern sich auch auf die finanzielle und organisatorische Basisarbeit der Christlichen Rechten in der Legislative und auf der Graswurzel-Ebene stützen.

Neokonservative waren ursprünglich nur ein elitäres Netzwerk von überwiegend jüdischen, aber auch einigen katholischen Experten und Publizisten in Think Tanks und ihnen nahestehenden Zeitschriften. Neokonservative Vordenker, die früher nicht selten als „Häuptlinge ohne Indianer" geschmäht wurden,[123] wissen nunmehr um ihre erweiterte Machtbasis im Kongreß und in der amerikanischen Gesellschaft.

Die Pro-Israel-Lobby hat eine Infrastruktur entwickelt, die in punkto Organisations- und Finanzstruktur in Washington ihresgleichen sucht. Laut Angaben des Center for Responsive Politics spendete allein die jüdische Lobby im Wahlkampf 2000 etwa 6,5 Mio. US-Dollar an die Kandidaten beider Parteien. Als prominenteste Organisation verfügt AIPAC über ein jährliches Budget von knapp 20 Mio. US-Dollar, eine Belegschaft von 130 Mitarbeitern in ihren Büros in Washington sowie über 60 000 Mitglieder, die jederzeit Kampagnen an der politischen Basis aktivieren können, um für Israel Einfluß auf den Kongreß zu nehmen.[124] „Ihre erfolgreiche politische Arbeit mit dem ausschließlichen Ziel der Unterstützung Israels erstreckt sich von den Gewerkschaften auf der Linken bis hin zu den evangelikalen Christen auf der Rechten und im Grunde genommen jedem dazwischen", resümierte Lee Hamilton, ehemaliger Abgeordneter und langjähriger Vorsitzender des Auswärtigen Ausschusses im Abgeordnetenhaus.[125] Aus der Sicht eines Kongreßabgeordneten oder Senators gibt es laut Lee Hamilton nur geringen politischen Gegendruck seitens der Palästinenser oder arabischer Lobbyisten. „Damit geht man kein politisches Risiko ein, Israel zu unterstützen." Nach Einschätzung von Hamilton, der heute das Woodrow Wilson Center leitet, ist Israel in politischer Hinsicht „absolut unangreifbar".[126]

Im politischen System der „checks and balances", der konkurrierenden, sich gegenseitig kontrollierenden politischen Gewalten, bleibt dies nicht ohne Auswirkungen auf die politische Machtbalance zwischen Kongreß und Exekutive. Das politische Interesse christlich Rechter am Heiligen Land bedeutet, daß „die Pro-Israel-Lobby in den letzten zehn Jahren deutlich stärker geworden ist"[127]. In Verbindung mit der ohnehin gewichtigen Lobby Israels sorgt das politische Gewicht der Christlichen Rechten dafür, daß der Handlungsspielraum der Exekutive enger wird: „Eine US-Administration, die eine harte Haltung gegenüber Israel einnehmen wollte, weiß, daß sie vom Kongreß umgehend kritisiert und vielleicht auch ausgehebelt wird."[128]

Laut ihres Chef-Lobbyisten ist der Schutz Israels eines der Hauptthemen der Christian Coalition: „Wir lehnen zum Beispiel die Road Map ab", sagt Jim Backlin, „aber wir unterstützen den Syria Accountability Act, der eine Menge wirtschaftlichen Druck erzeugen wird, damit Syrien sich aus dem Libanon zurückzieht. Und diese Gesetzesinitiative ist sehr populär sowohl im Abgeordnetenhaus als auch im Senat. Außerdem gibt es den Iran Democracy Act."[129] Es kommt deshalb nicht von ungefähr, daß die Road

Map, Syrien und Iran zentrale Themen der außenpolitischen Agenda der USA sind.

„Road Map to Hell"

Christlich rechte Leitfiguren wie Gary Bauer warnen, daß die sogenannte „Road Map" ins Verderben führe. Sie legen ihr ganzes Gewicht in die politische Waagschale, damit gewährleistet wird, daß Israel der terroristischen Bedrohung in gleicher Manier begegnen kann wie Amerika: „Nach unserem Empfinden ist die sogenannte Bush-Doktrin für den Umgang mit Terroristen sehr gut: Man soll nie mit Terroristen verhandeln, man soll ihnen nie Konzessionen machen. Jede Nation, die Terroristen beherbergt, unterstützt oder in irgendeiner Weise fördert, ist genauso schuldig wie die Terroristen."[130]

Aus der Sicht Gary Bauers war genau das die „moralisch klare" Vorgehensweise des Präsidenten im Umgang mit Taliban, Al Qaida und Saddam Hussein. Im gleichen Geiste war die Kritik gegenüber Syrien und Iran formuliert. „Und trotzdem scheinen wir mit der Road Map das genaue Gegenteil zu tun", empört sich Bauer. „Es scheint, als ob wir trotz terroristischer Bedrohung Israel damit tyrannisieren, mit Organisationen zu verhandeln, die Blut an den Händen haben."[131]

So erwiesen sich Präsident Bushs kritische Äußerungen zu Israels Handeln „im Kampf gegen den Terrorismus" als politisch hoch explosiv. Gary Bauer, strategischer Kopf der Christlichen Rechten, wies auf seine Bataillone hin, die er jederzeit auch zur direkten Einflußnahme auf das Weiße Haus aktivieren könne: „Ich verfüge über etwa 100 000 Namen von Personen, die täglich eine E-Mail von mir lesen. [...] Letztens widmete ich eine meiner E-Mails der Rantisi-Kontroverse und kritisierte den Präsidenten ziemlich harsch für seine Bemerkungen."[132] Präsident Bush hatte Anfang Juni 2003 den Versuch Israels verurteilt, einen hochrangigen Führer der Hamas, Abd al-Aziz Rantisi, mit einem gezielten Anschlag zu töten, und erntete dafür auch massive Kritik von jüdischen Kongreßabgeordneten und der Pro-Israel Lobby-Organisation American-Israel Public Affairs Committee (AIPAC).[133] Gary Bauer generierte ebenfalls Druck auf das Weiße Haus: „Ich empfahl den Leuten, [...] dem Weißen Haus eine E-Mail zu senden – was für amerikanische Normalbürger nichts Alltägliches ist!" Laut Bauer erhielt der Präsident am nächsten Tag knapp tausend E-Mails, die in Kopie an ihn gingen: „Es waren sehr wortgewaltige E-Mails, deren Inhalt in etwa lautete: ‚Mr. President, ich habe Sie gewählt' oder ‚meine Familie und ich arbeiteten für Sie während der letzten Wahl, aber wir sind zutiefst enttäuscht über Ihre gestrige Kritik an Israel, und wenn Sie so weitermachen, werden wir 2004 nicht für Sie da sein.'" Der Wortführer der Christlichen Rechten sieht Präsident Bush auf einem sehr dünnen Drahtseil wandern: „Er muß mit dieser Frage sehr behutsam umgehen, will er sich nicht ein gravierendes politisches Problem schaffen."[134]

Präsident Bush ging behutsam vor, als Regierungschef Ariel Scharon im März 2004 den Hamas-Führer Ahmed Jassin zusammen mit sieben weiteren Palästinensern mit Raketenangriffen töten ließ. Während Politiker aus aller Welt unisono die gezielte Tötung Jassins scharf verurteilten, ließ die Bush-Administration lediglich durch Richard Boucher, den Sprecher des State Department, verlauten, daß sie „tief beunruhigt" sei, und Condoleezza Rice, damals Nationale Sicherheitsberaterin, äußerte, daß Washington vorher nicht informiert worden wäre.[135] Gleichzeitig wurde Hamas als Terrororganisation verurteilt, und Präsident Bush betonte das Recht Israels zur Selbstverteidigung[136] – um damit neben Israel wohl auch die Christliche Rechte zu versichern.[137]

Mitte April 2004 gelang es der israelischen Armee schließlich, mit einem Raketenangriff Rantisi zu töten. Anders als beim ersten Tötungsversuch im Juni 2003, als Präsident Bush sich noch der internationalen Kritik anschloß und diese Praxis verurteilte, hütete sich George W. Bush jetzt davor, offen Kritik zu üben. Vielmehr ließ er dieses Mal über seinen Pressesprecher verlauten: „Wie wir schon zum wiederholten Male deutlich gemacht haben, hat Israel ein Recht, sich vor Terrorangriffen zu schützen." Gleichwohl gab Sprecher Scott McClellan zum Ausdruck, daß die Vereinigten Staaten „tief beunruhigt" um den regionalen Frieden und die Stabilität seien und Israel drängten, „die Konsequenzen seiner Aktionen vorsichtig zu erwägen"[138].

Bereits im April 2002 waren die evangelikalen Christen empört, als Präsident Bush den Anschein erweckte, er würde die Aktionen der israelischen Armee in der palästinensisch besiedelten West-Bank auf eine Stufe mit den Selbstmordanschlägen der Palästinenser stellen. Sie kritisierten darüber hinaus, daß er sich nicht vehement genug für die Absetzung Yassir Arafats einsetze. Schlimmer noch: Er wagte es, seinen Außenminister Colin Powell zu einem Treffen mit Arafat zu schicken. „Das war mehr, als wir, die wir Israel unterstützen, ertragen konnten", resümiert Gary Bauer.[139] Daraufhin wurde das Weiße Haus mit Tausenden von E-Mails und Briefen überschüttet. Gary Bauer, Jerry Falwell, Pat Robertson und weitere Mitstreiter orchestrierten einen dringenden Appell, Scharon in Ruhe und Arafat fallenzulassen. Nachdem auch noch führende Kongreßabgeordnete, Senatoren und Neokonservative innerhalb der Bush-Administration und in den gleichgesinnten Think Tanks ihrem Unmut Luft gemacht hatten, erklärte Ari Fleischer, der damalige Sprecher des Weißen Hauses, Scharon zum „Mann des Friedens".[140]

Ein weiteres Beispiel für den politischen Druck, den diese Lobby ausüben kann: Im Mai 2003 erreichte Gary Bauer von seinen Verbündeten in der israelischen Regierung ein weiterer Hilferuf: Bush übe bezüglich der Road Map Druck auf Scharon aus. Es dauerte nicht lange, bis daraufhin der Fahrplan als „Road Map to Hell" verteufelt wurde. Bauer organisierte einen Briefappell, in dem etwa zwei Dutzend Führungspersönlichkeiten der Evangelikalen warnten, jeglicher Versuch, unparteiisch zwischen Israel und den Palästinensern zu vermitteln, sei „moralisch verwerflich".[141] Pat Robertson wurde in der Zeitschrift Newsweek noch deutlicher: „Wenn sie irgend etwas anderes unternehmen, als Jerusalem zur Hauptstadt Israels zu machen, würden sie sich mit dem Wort und der Macht Gottes anlegen."[142] Jerusalem, vor allem der Tempelberg, steht als sogenannte „heilige Stätte" im Zentrum christlich rechter Aufmerksamkeit. Auch der christlich-zionistische Glaube gründet auf diesem Fundament: Erst wenn die Juden nach Jerusalem (Zion) zurückkehren und den dritten Tempel Salomons wieder errichten, ist der Grundstein für die Wiederkehr (second coming) Jesu Christi gelegt.

Jerusalem ist eines der wichtigsten „ungelösten Themen" im Friedensprozeß:[143] Israel beansprucht Jerusalem als Hauptstadt und dessen Status als nicht verhandelbar. Die offizielle Politik der USA seit 1967 verwehrt sich gegen dieses unilaterale Vorgehen Israels. Die Exekutive mußte sich aber gegen legislative Vorstöße im Kongreß behaupten. Zum Beispiel verabschiedeten im Frühjahr 1990 der Senat und das Abgeordnetenhaus – unverbindliche – Resolutionen,[144] die das ungeteilte Jerusalem als Hauptstadt Israels anerkennen. Im Foreign Relations Authorization Act für das Haushaltsjahr 2003[145] artikulierte der Kongreß einmal mehr[146] seine Absicht, die amerikanische Botschaft von Tel Aviv nach Jerusalem zu verlegen. Präsident George W. Bush reagierte am 30.9.2002 mit einer Stellungnahme, daß er die entsprechende Sektion (214) als „beratend" und nicht „verbindlich" betrachte. Zudem machte der Präsident deutlich, daß er diesen Vorstoß als Angriff auf seine außenpolitische Autorität sehe. Bis auf weiteres bleibe die offizielle Haltung der Vereinigten Staaten zur Jerusalem-Frage unverändert: Die Zukunft Jerusalems müsse verhandelt werden.[147]

Doch machen die kurzen Episoden auf einem Teilabschnitt der „Road Map" deutlich, daß nicht viele politisch gangbare Wege nach Jerusalem führen – und schon gar keine Abkürzung über Washington: Eine über das rhetorische Bekenntnis zur „Road Map" hinausgehende Forderung und Druck auf beide Konfliktparteien, hätte Präsident Bush in eine wahlstrategische Sackgasse geführt.

In der Nahostpolitik haben fundamentalistische Christen eine israel-freundlichere Haltung als der Rest der Nation. Knapp die Hälfte der evangelikalen Protestanten wollen die USA auf der Seite Israels sehen, in den übrigen Bevölkerungsgruppen befürworten jeweils nicht mehr als 14%, daß ihr Land Partei für Israel ergreift. Jene 47% der Evangelikalen, die ihre Nation eindeutig auf der Seite Israels sehen,[148] bzw. jene 43%, denen die multilaterale Wegskizze des „Quartetts" ein Dorn im Auge ist und die sich für eine ausschließlich amerikanische Vermittlerrolle einsetzen,[149] hätten auf ein Einschwenken des Präsidenten zugunsten der Palästinenser spürbar mit Enttäuschung und Enthaltsamkeit beim Wahlgang 2004 reagiert. „Das wäre ein sicherer Weg, um Aktivisten an der Basis zu entmutigen, die das Herz der Partei bilden" – so Gary Bauer, Wortführer der christlich Rechten, unmißverständlich an die Adresse seines Präsidenten.[150]

Auch nach den Wahlen 2004 würde es das Republikanische Ziel dauerhafter Mehrheiten gefährden, wenn von amerikanischer Seite Druck auf Israel ausgeübt würde, den Weg zur Friedenslösung gleichzeitig und ohne Vorbedingungen zu beschreiben. Die Christliche Rechte engt in diesem Sinne unmittelbar den politischen Handlungsspielraum der Bush-Administration ein, sollte diese versuchen, außenpolitischen Druck auf Israel auszuüben, um Konzessionen zu erwirken. Darüber hinaus zeitigt das moralische Gewicht der Christlichen Rechten über den legislativen Machthebel Einfluß auf die Exekutive. Initiativen gegen Syrien und Iran verdeutlichen, daß der Handlungsspielraum der Exekutive in der Nahostpolitik auch vom Kongreß mitbestimmt wird.

Sanktionen gegen Syrien

Der Evangelikale Tom DeLay, Mehrheitsführer im Abgeordnetenhaus, verkündete am 7. Oktober 2003 über seinen Pressesprecher: „Ende letzter Woche konnten wir das Weiße Haus zur Zustimmung bewegen."[151] Zuvor hatte sich die Exekutive, vor allem Außenminister Powell, noch gegen die Kongreßinitiative des Syria Accountability Act gestellt. Der offizielle Beweggrund für die Zustimmung war Syriens Versagen im Kampf gegen den Terrorismus und die mangelnde Unterstützung im Friedensprozeß. Die Bush-Administration signalisierte bereits am 16. September 2003 durch John Bolton, den Unterstaatssekretär für Rüstungskontrolle und Internationale Sicherheit, daß sie sich nicht länger der im Kongreß – vor allem von der jüdischen und christlich rechten Lobby – geforderten härteren Gangart verwehre: „Wir ziehen es vor, diese Probleme mit friedlichen und diplomatischen Mitteln zu lösen", erklärte Bolton bei einer Anhörung im Kongreß. „Aber der Präsident machte auch sehr deutlich", so Bolton weiter, „daß wir keine Option vom Tisch nehmen."[152]

Die Gesetzesvorlage des Abgeordnetenhauses[153] wurde mit dem Senat abgestimmt, unter der Federführung Senator Richard Lugars etwas entschärft[154] und vom Präsidenten am 12. Dezember 2003 als Syria Accountability and Lebanese Sovereignty Restoration Act of 2003 unterzeichnet.[155] Neben der Forderung, daß Syrien seine Truppen aus dem Libanon abzieht, wird Damaskus für Anschläge der Hizbollah und anderer terroristischer Gruppen verantwortlich gemacht. Deshalb soll Syrien auf der Liste des State Department bleiben, auf der sich Länder befinden, die Terrorismus unterstützen. Desweiteren wurde festgestellt, daß Syriens Massenvernichtungswaffen und ballistische Waffenprogramme die Sicherheit im Nahen Osten sowie nationale Sicherheitsinteressen der Vereinigten Staaten von Amerika bedrohen.

Konkret forderte der Kongreß den Präsidenten auf, Druck auf Syrien auszuüben, indem er mindestens zwei Optionen aus einem Sanktionskatalog realisiert: Der Präsident soll die diplomatischen Beziehungen mit Damaskus reduzieren, US-Investitionen sowie Exporte (bis auf Lebensmittel und Arzneien) verbieten, syrische Staatsgelder in den USA einfrieren, syrischen Luftfahrtgesellschaften den amerikanischen Luftraum verwehren oder es syrischen Diplomaten untersagen, sich außerhalb einer 25-Meilen-Zone von Washington oder New York zu bewegen. Der Präsident konnte im Interesse der nationalen Sicherheit auf diese Maßnahmen verzichten, blieb dabei aber gegenüber dem Kongreß rechenschaftspflichtig. Am 11.5.2004 gab Präsident Bush schließlich dem Druck des Kongresses nach und implementierte die ersten Sanktionen: Die Bush-Administration verbot amerikanische Exporte nach Syrien (mit Ausnahme von Lebensmitteln und Medizin), verwehrte syrischen Luftfahrtgesellschaften den amerikanischen Luftraum, fror syrische Bankguthaben ein und beendete die Geschäftsbeziehungen mit einer syrischen Bank.[156]

„Regimewechsel" im Iran

Neben Syrien geriet auch der Iran ins Fadenkreuz legislativer Sanktionsbemühungen. Die aktuellen Bemühungen christlich Rechter gehen aber noch weiter: Nach Angaben der Washington Post („Die USA stehen vor einem Scheideweg ihrer Iranpolitik") will sich Senator Sam Brownback im Kongreß gar für einen „Regimewechsel" im Iran stark machen – nach dem Vorbild des Iraq Liberation Act.[157]

Bereits Mitte Juli 2004 brachten die Senatoren Rick Santorum und John Cornyn eine Gesetzesvorlage, den sogenannten Iran Freedom and Support Act, in den Senat ein. Die Initiative fordert die Bush-Administration auf, einen „Regimewechsel" herbeizuführen, indem sie Regierungskontakte mit Vertretern des iranischen Regimes beendet und oppositionelle Gruppen finanziell unterstützt.

Im Abgeordnetenhaus wurde Anfang Januar 2005 eine entsprechende Vorlage auf den Weg gebracht. Die Initiatorin, Ileana Ros-Lehtien, Unterausschußvorsitzende für Internationale Beziehungen zum Nahen und Mittleren Osten und eine der hartnäckigsten Sanktionsbefürworterinnen, versucht mit ihrer Maßnahme ebenso oppositionelle Gruppen im Iran zu unterstützen. Darüber hinaus sollen bestehende Gesetze verschärft werden, um Staaten und ausländische Firmen zu belangen, die in den iranischen Energiesektor investieren. Diesen Gesetzesinitiativen dient der Iraq Liberation Act einmal mehr als Vorlage und sie werden ebenso von AIPAC, Israels einflußreicher Lobby-Organisation im Kongreß, nachhaltig unterstützt.

Seit längerem übt der Kongreß wiederholt Druck auf den Präsidenten aus. Eine Gesetzesvorlage im Senat, der sogenannte Iran Democracy Act,[158] wurde vom Koordinator des Value Action Teams Senator Sam Brownback initiiert. (Zum VAT vgl. S. 81ff.). Der Demokratische Abgeordnete Brad Sherman brachte das Pendent im Abgeordnetenhaus, den Iran Democracy and Freedom Support Act,[159] auf den Weg. Die Gesetzesvorlagen würden die Opposition im Iran sowie Dissidenten – besonders Rundfunk- und Fernsehsender in den USA – finanziell und „moralisch" unterstützen. Shermans Initiative würde darüber hinaus Einfuhrverbote für iranische Handelsgüter erheben und den Präsidenten dazu anhalten, internationale Zahlungen oder Kredite der Weltbank oder anderer multilateraler Institutionen zu verhindern, indem US-Beiträge an diese Organisationen entsprechend ihrer Zuwendungen für den Iran vermindert würden. Diese Mittel sollten vielmehr bei der Aids-Bekämpfung eingesetzt werden – ein weiteres wichtiges Thema der Christlichen Rechten.

Internationale Aids-Hilfe

Auch in der Aids-Politik betreibt die Christliche Rechte massives Lobbying und findet beim Präsidenten und seinen Beratern ein offenes Ohr: „Frühere Republikanische Administrationen erwiderten häufig unsere Telefonanrufe. [...] Diese Administration hingegen ruft uns an, um uns zu fragen: ‚Was haltet ihr davon?'"[160]

Das wurde auch bei der Initiative des Präsidenten deutlich, 15 Milliarden US-Dollar zur Verfügung zu stellen, davon fast 10 Milliarden neuer Mittel,[161] um in den am stärksten betroffenen Ländern Afrikas und der Karibik eine Trendwende in der Ausbreitung und Bekämpfung von Aids zu bewirken. „Diese Nation kann die Welt anführen", so Bush, „wenn es darum geht, unschuldige Menschen vo[r] einer Geißel der Natur zu bewahren."[162]

Die Bush-Administration übte Druck auf den Senat aus, die Gesetzesvorlage, die bereits im Abgeordnetenhaus beschlossen war,[163] im Schnellverfahren abzuhaken, wollte Präsident Bush doch beim G8-Treffen Anfang Juni 2003 in Evian nicht mit leeren Händen dastehen. Der Senat stimmte der Vorlage am 16. Mai zu, die unwesentlichen Änderungen wurden fünf Tage später vom Abgeordnetenhaus bestätigt, so daß der Präsident die Vorlage am 27. Mai rechtzeitig vor dem Gipfel unterzeichnen konnte. Er hatte damit einen wichtigen politischen Erfolg im Reisegepäck nach Evian und war gut gerüstet für seine spätere Afrika-Reise im Juli 2003.

Bei genauerem Hinsehen wird jedoch deutlich, daß in der geänderten Fassung vor und außereheliche Enthaltsamkeit oberste Priorität haben und ein Drittel der bilateralen Hilfe zur Aids-Prävention für Abstinenzprogramme verwendet werden soll. Es war einmal mehr der Abgeordnete Joseph Pitts, Leiter des Value Action Team (VAT), der den entsprechenden Gesetzesänderungsantrag im Abgeordnetenhaus einbrachte.[164]

Des weiteren versagte Präsident Bush dem multinationalen Globalen Hilfsfonds zur Aids-Bekämpfung

(Global Fund) eine üppigere Zuweisung von Mitteln. Dafür erhalten nationale religiöse Organisationen mehr staatliche Mittel; ihnen ist es freigestellt, im Kampf gegen die Epidemie auf die Bereitstellung von Kondomen zu verzichten. Indem die Vereinigten Staaten jetzt auf nationale Hilfskanäle (vor allem die U.S. Agency for International Development, USAID) setzen, können sie die Art der Hilfe kontrollieren: So gehen zum Beispiel keine Gelder an Organisationen, die in irgendeiner Form in anderen Bereichen oder Projekten Abtreibung unterstützen oder unterstützt haben.

Abtreibung und Entwicklungshilfe

Als einer seiner ersten Amtshandlungen reaktivierte Bush die von seinem Vorgänger Clinton außer Kraft gesetzte „Mexico City"-Politik,[165] wonach es USAID untersagt ist, Gelder an Organisationen zu geben, die in ihren Familienplanungsprogrammen Abtreibung nicht ausschließen.

Im Juli 2003 fror die Bush-Administration den vom Kongreß bewilligten[166] 34-Millionen-US-Dollar-Beitrag für den Weltbevölkerungsfonds (UN Population Fund, UNFPA) ein, nachdem Abtreibungsgegner dem Fonds unterstellt hatten, mit seinen Mitteln Zwangsabtreibungen und Sterilisationen in China unterstützt zu haben. Dies geschah, obwohl Außenminister Powell zuvor den Anschuldigungen auf der Grundlage einer

Untersuchung des State Department widersprochen hatte.[167] Im September wurden die dem UN-Bevölkerungsfonds vorenthaltenen Gelder nationalen Organisationen zugewiesen (dem Child Survival and Health Programs Fund des USAID). Ein weiterer Versuch, im Rahmen der Haushaltsgesetzgebung für die Haushaltsjahre 2004 und 2005 jeweils 50 Millionen US-Dollar für den UN-Bevölkerungsfonds zu autorisieren, scheiterte an der Vetodrohung des Präsidenten.[168]

Insgesamt ziehen religiöse Aktivisten für ihren Präsidenten eine gute Zwischenbilanz: „Seitdem die Bush-Administration an der Regierung ist, konnten wir eine dramatische 180-Grad-Wende gegenüber dem Kurs der Clinton-Delegierten beobachten", bestätigt Wendy Wright, Senior Policy Director der Concerned Women for America.[169] Diese politischen Ergebnisse sind einerseits dem Präsidenten geschuldet; die Christian Right kann sie andererseits aber auch sich selbst und ihrem pragmatischeren Engagement sowie ihrer Professionalisierung gutschreiben.

Wirkungen auf das transatlantische Verhältnis

Wie wichtig und tragfähig ist die außenpolitische Agenda bei dem Bemühen, die Allianz der Republikaner mit der Christlichen Rechten zu festigen? Sind die beschriebenen christlich rechten Machtstrukturen für das transatlantische Verhältnis von Bedeutung? Ein außenpolitischer Themenfokus ist für Amtsinhaber Bush wichtig, um dauerhafte Republikanische Mehrheiten auf religiös rechter Basis zu gewährleisten. Der Kampf gegen den Terrorismus könnte neue Macht- und Wertestrukturen etablieren, die langfristig wirkmächtig bleiben. Ein gefestigtes religiöses Establishment würde nicht nur weiterhin versuchen, das Weltbild und den Kurs amerikanischer Außenpolitik zu beeinflussen, sondern auch für den innenpolitischen Rückhalt zur militärischen Durchsetzung seiner Werte sorgen. Das würde zur weiteren inneren Polarisierung Amerikas beitragen und Divergenzen in den transatlantischen Beziehungen produzieren.

Ein religiös-moralisches Weltbild

Für die Strategen der Republikaner bleibt es ein schwieriger Balanceakt, die Christliche Rechte gewogen zu halten, ihr Wähler- und Wahlkampfpotential zu mobilisieren, ohne dabei die Unterstützung gemäßigter, werteliberaler Republikaner aufs Spiel zu setzen. Die Aufrechterhaltung der Allianz mit der Republikanischen Partei ist auch für die Strategen der Christlichen Rechten nach wie vor eine heikle Gratwanderung: Das Ringen um politische Macht erfordert pragmatische Zugeständnisse. Vor allem in der innenpolitischen Auseinandersetzung läuft man Gefahr, die moralischen Prinzipien preiszugeben, die zur Mobilisierung der eigenen Basis wichtig waren und die insofern eine Grundvoraussetzung für die politische Arbeit bilden. Christliche Fundamentalisten hegen strikte Überzeugungen, nach denen die Welt in Gut und Böse aufgeteilt ist; im politischen Spektrum hingegen müssen Kompromisse im pragmatischen Graubereich gefunden werden, die sich den Schwarz-Weiß-Kategorien einer dichotomen Weltsicht entziehen.

Konsensfähige außenpolitische Themen sind wichtig, um eine dauerhafte Koalition zu schmieden. Besonders Fragen der nationalen Sicherheit bieten eine tragfähige Plattform, auf der sich konservative Eliten und Wähler verschiedener Richtungen versammeln können – und ein Bindemittel, um den Zusammenhalt einer breiteren dauerhaften Republikanischen Mehrheit zu gewährleisten. Angesichts der terroristischen Bedrohung scheint ein inneres Zusammenrücken im Kampf gegen den äußeren Feind notwendig. In Präsident Bushs Wahrnehmung haben die Terroristen vom 11. September den „American way of life" angegriffen, einen Weg, der von Gott vorgezeichnet sei. Amerika fühlt sich zwar angeschlagen, aber dennoch gewappnet und ist sich gewiß, unter der starken Führung seines Präsidenten das „Böse" zu besiegen.[170] Wie schon Präsident Reagan – in einer Rede vor Evangelikalen – dem „Reich des Bösen" den Kampf angesagt hatte, mobilisierte Präsident Bush Amerika für den Kampf gegen die „Achse des Bösen".

Karl Rove, der strategische Kopf der Republikaner und Vertraute des Präsidenten, versucht, eine permanente Republikanische Mehrheit aufzubauen. Diese strukturelle Mehrheit würde ein „realignment", eine dauerhafte Veränderung der Wählerstruktur und damit des Wahlverhaltens voraussetzen.[171] Sie vollzöge sich neben wirtschaftlichen und werteorientierten Fragen vor allem im Hinblick auf Themen der nationalen Sicherheit. Die Sicherheitsbedrohung bot dem Präsidenten eine Gelegenheit, in Wahlkämpfen für seine entschlossene Politik gegen den Terrorismus zu werben. Das Thema der nationalen Sicherheit war entscheidend bei den Zwischenwahlen 2002[172], bei den Wahlen 2004 und wird auch künftig Priorität im Kalkül der Wähler und Wahlstrategen des Präsidenten haben.

Die politische Sprengkraft der Anschläge vom 11. September 2001 wird um so deutlicher erkennbar, wenn man sich vergegenwärtigt, daß frühere massive Umstrukturierungen von Parteiloyalitäten im Gefolge nationaler Krisen erfolgten:[173] Zu einer Wählerschaft von 30 Millionen Menschen, die im Sicherheitssektor ihren Lebensunterhalt verdienen,[174] kommen nunmehr jene unzähligen Amerikaner hinzu, die um ihr Leben fürchten. Das Datum „Nine Eleven" – die neue Bedrohungslage und deren Perzeption – könnte durchaus tektonische Verschiebungen in der Wählerstruktur zeitigen, wenn es dem Präsidenten und seiner Partei in den Augen der Amerikaner gelingt, entschlossen im Kampf gegen den Terrorismus zu handeln und das Land vor weiteren Angriffen zu schützen.

Für den wahrscheinlichen Fall, daß sich der Kampf gegen den Terrorismus noch lange hinziehen wird, werden die Wahlkampfstrategen der Republikaner und vor allem die Christliche Rechte sicherheitspolitische „Existenzfragen" sowie moralische und religiöse Themen im Zentrum der politischen Agenda zu halten versuchen und damit auch den Rahmen für die Auseinandersetzung um die politische Macht in den Vereinigten Staaten festlegen.

Aus der historisch fundierten Perspektive Walter Russell Meads vom Council on Foreign Relations, eines der scharfsinnigsten Beobachter amerikanischer Außenpolitik, ist das politische Erstarken konservativer evangelikaler und fundamentalistisch-religiöser Bewegungen eine der bedeutsamsten kulturellen Entwicklungen in den Vereinigten Staaten. Sie bildet die Grundlage für ein neuartiges (außen-) politisches

Establishment. Dieses neue religiöse Establishment werde zusehends versuchen, seiner Weltsicht politische und militärische Kraft zu verleihen: „In dem Maße, wie sich amerikanische Außenpolitik um den Kampf mit Fanatikern im Mittleren und Nahen Osten [Middle East] dreht, die ihrerseits daran glauben, einen religiösen Krieg gegen die Vereinigten Staaten zu führen, wird die religiöse Führung konservativer Protestanten eine Hauptrolle dabei spielen, die Werte und Ideen zu artikulieren, für die viele Amerikaner bereit sein werden zu kämpfen."[175]

Die christlich rechte Unterstützung kann nach Einschätzung des deutschen Politikwissenschaftlers Ernst-Otto Czempiel auch zur innenpolitischen Legitimierung einer „Ideologie amerikanischer Weltführung" genutzt werden: „Während der christliche Fundamentalismus das politische Vorhaben in eine theologisierte Weltsicht einordnete, in der nicht um Interessen, sondern um Werte gekämpft wurde, setzte die neokonservative Führungsgruppe das durch die Moralisierung unanfechtbar und selbstimmunisierend gewordene Konzept in konkrete Außenpolitik um."[176]

Damit bleiben bis auf weiteres Faktoren eines möglichen „realignment" im nationalen wie internationalen Kontext wirksam. Die Machtsymbiose zwischen der religiösen Rechten und den Republikanern würde Sinn machen: Sie könnte ein polarisierendes Weltbild in der amerikanischen politischen Auseinandersetzung etablieren, das Auswirkungen auf die reale Welt haben wird.

Begrenzter Handlungsspielraum

Der Einfluß der Christlichen Rechten begrenzt auch den Handlungsspielraum des Präsidenten bei den außenpolitischen Themen, denen seine Stammwähler Priorität einräumen. Die aktuelle Veröffentlichung einer längerfristig angelegten Datenreihe des Pew Research Center kam zu dem Ergebnis, daß Republikaner und Demokraten in Fragen nationaler Sicherheit so weit auseinander liegen wie nie zuvor. Die Republikanische Wählerschaft mißt nationaler Sicherheit einen erheblich höheren Stellenwert bei, was sich in ihrer wesentlich höheren Bereitschaft zeigt, nunmehr auch die präventive Anwendung militärischer Gewalt zu akzeptieren sowie im Kampf gegen den Terrorismus die Einschränkung persönlicher Freiheitsrechte hinzunehmen. Die Demokraten hingegen sprechen sich – nicht zuletzt infolge des Irakkrieges – immer häufiger gegen die Anwendung militärischer Gewalt aus. Für 69% der Republikaner ist zum Beispiel „militärische Stärke der beste Weg, den Frieden zu sichern"; in der Demokratischen Wählerschaft hingegen befürworten nur 44% das Setzen auf militärische Stärke. 1997 war das Verhältnis noch 65% versus 56%; Mitte der neunziger Jahre gab es also deutlich mehr „Falken" in den Reihen der Demokraten.[177]

Die Republikaner bleiben eher geneigt, militärische Gewalt anzuwenden – vor allem der harte Kern der evangelikalen Christen. Im Vergleich zum Bevölkerungsdurchschnitt setzen sie mehr auf militärische Stärke als auf Diplomatie, um Frieden zu gewährleisten.[178] Laut einer Umfrage spielen sogenannte „strength issues" – militärische Stärke und Härte im Kampf gegen den Terrorismus, gegen das „Böse" – für weiße Evangelikale eine äußerst wichtige Rolle. Für 93% ist es „extrem/sehr wichtig", Amerikas Militär schlagkräftig zu halten.[179]

Christlich Rechte sind auch davon überzeugt, „daß Frieden im Nahen Osten nicht mit vertraglichen Vereinbarungen, diplomatischen Gesten oder wohlwollenden Gefühlen erreicht werden kann". Laut Gary Bauer „wird nur ein starkes und lebensfähiges Israel im Konzert mit den mächtigen und resoluten USA Frieden erreichen".[180] In gleichem Sinne begrüßte die Christliche Rechte das kompromißlose Vorgehen Präsident Bushs gegen das Tyrannen-Regime in Bagdad.

Im Vorfeld des Irakkrieges konnte sich der Präsident der Unterstützung seiner religiösen Wählerschaft an der politischen Heimatfront sicher sein. Angesichts der Polarisierung der öffentlichen Meinung in der Irakfrage war diese Unterstützung für ihn notwendig, um seinen außenpolitischen Kurs durchsetzen zu können. Im Gegenzug verpflichtet sie den Obersten Befehlshaber aber auch, Kurs zu halten.

Nach dem Waffengang im Zweistromland haben sich in den USA die innenpolitischen Fronten weiter verhärtet. Der Kampf gegen den Terrorismus barg für Präsident Bush auch Risiken: Der Irakkonflikt mobilisierte im Wahlkampf um das Präsidentenamt die

Wählerschaft des Herausforderers Senator John Kerry. Eine Umfrage kam zu dem Ergebnis, daß die Irakfrage neun von zehn Demokraten umtrieb: Für 40% von ihnen war dieses Thema „sehr wichtig", für weitere 48% gar „extrem wichtig" im Hinblick auf ihre Wahlentscheidung am 2. November.[181]

Für Präsident Bush bleibt es nach wie vor oberste Priorität, sich seiner Stammwähler zu versichern – indem er im Kampf gegen den Terrorismus weiterhin die nötige Härte zeigt und im Irak standhaft bleibt. Wenige Monate vor den Wahlen im November hielten es acht von zehn Parteigängern des Präsidenten der Mühe wert, den Krieg gegen den Irak zu führen (79% der Demokraten nicht).[182] Laut einer Studie des Pew Research Center und des Council on Foreign Relations vom August 2004 sind nach den Erfahrungen im Irak nur 44% der Demokraten der Meinung, daß präventive Kriegführung gegen potentielle Feinde gerechtfertigt sei, während im Lager der Republikaner eine überwältigende Mehrheit (88%) den präventiven Einsatz militärischer Mittel billigt.[183]

Religiöse Einstellungen spielen auch in der Frage des Irakkriegs eine signifikante Rolle: Häufige Kirchgänger bleiben eher geneigt, ihn zu unterstützen, als weniger religiöse Amerikaner.[184] Vor allem weiße evangelikale Protestanten sind nach wie vor der Auffassung, daß der Waffengang im Irak „gerechtfertigt" ist, und sieben von zehn (72%) der Evangelikalen halten darüber hinaus am Konzept der präventiven Kriegführung fest.[185] Das bleibt nicht ohne Wirkung auf die Kompromißfähigkeit des amerikanischen Präsidenten bei existentiellen Fragen der Sicherheit Amerikas sowie Israels und hat damit auch Auswirkungen auf die transatlantischen Beziehungen.

Entfremdung in den transatlantischen Beziehungen

Die transatlantischen Beziehungen stehen vor immensen Herausforderungen. Die meisten Europäer wollen die außenpolitischen Beziehungen mit den USA lokkern. Selbst die Bürger traditionell enger Verbündeter Amerikas sprechen sich dafür aus, bei Sicherheits- und diplomatischen Fragen einen unabhängigeren Weg einzuschlagen. In einer Umfrage im April/Mai 2003 des Pew Research Center befürworteten zum Beispiel 45% der britischen Bevölkerung, die Mehrheit (57%) der Deutschen und drei Viertel der Franzosen (76%) eine größere Distanz zu den Vereinigten Staaten.[186] Diese Tendenz ist steigend: Knapp ein Jahr später, im Februar/März 2004, wurde die Distanzierung der Europäer von den USA noch markanter. 56% der Briten, 63% der Deutschen und 75% der Franzosen votierten dafür, daß in militärischen und diplomatischen Angelegenheiten der außenpolitische Kurs Europas unabhängiger von dem der USA sein sollte.[187] Eine aktuellere Umfrage des German Marshall Fund (GMF) bestätigt diese Umorientierung: Drei Fünftel der europäischen Bevölkerung (59%), allen voran die

Franzosen (73%), aber auch die Mehrzahl der Deutschen (60%), halten die amerikanische Führungsrolle für nicht wünschenswert.[188]

Eine differenziertere Analyse zeigt, daß diese Entfremdung größtenteils der Politik des amtierenden Präsidenten geschuldet ist: Knapp drei Viertel (74%) der Deutschen und Franzosen sowie 59% der Bevölkerung Großbritanniens sind nicht generell kritisch gegenüber Amerika eingestellt, sondern beziehen ihre Kritik konkret auf Präsident George W. Bush.[189] Dieser „Anti-Bush-Faktor" wurde einmal mehr in der aktuellsten GMF-Studie deutlich: Drei Viertel (76%) der Bevölkerung Europas (Deutschland: 86%) sind gegen die Außenpolitik der Regierung Bush.[190]

Initiativen in der Nahostpolitik sind nach wie vor mit einem hohen Risiko des Scheiterns behaftet, nicht zuletzt aufgrund des politischen Drucks christlich Rechter in den USA. Diese bilden eine wirksame Allianz mit neokonservativen Gegnern der Zwei-Staaten-Lösung, die vom sogenannten Nahostquartett – bestehend aus den USA, der EU, der Russischen Föderation und den Vereinten Nationen – in Form einer „Wegskizze" *(Road Map)* vorgezeichnet wurde.

Künftig könnten sich transatlantische Divergenzen noch weiter vertiefen: Neben ihrem Einsatz gegen die „Road Map" betreibt die christlich Rechte auch nachhaltiges Lobbying für Sanktionen gegen Syrien und den Iran. Christlich Rechte machen sich im Kongreß sogar für einen „Regimewechsel" im Iran nach dem Vorbild des Iraq Liberation Act stark.

Diese Initiativen – die sich von den Politikvorstellungen deutscher und europäischer Vermittler unterscheiden – verdeutlichen, daß der Handlungsspielraum der amerikanischen Exekutive in der Nahostpolitik von christlich rechten Interessengruppen und deren Repräsentanten im Kongreß mitbestimmt wird. Christlich Rechte werden nachhaltig versuchen, über den legislativen Machthebel Einfluß auf die Exekutive zu nehmen: „Christliche Rechte werden künftig stärker in einige der Nahost-Themen involviert sein" – so Jim Backlin, Chef-Lobbyist der Christian Coalition.[191]

Ausblick

Die religiöse Rechte hat in den Vereinigten Staaten erhebliches und bleibendes politisches Gewicht. Auf europäischer Seite ist diese Tatsache nachhaltiger als bisher zur Kenntnis zu nehmen. Das christlich rechte Wähler- und Wahlkampfpotential ist für den Machterhalt der Republikaner im Weißen Haus und im Kongreß notwendig. Der Einfluß christlich Rechter auf amerikanische Politikvorstellungen bleibt bestehen, um so mehr nach dem Ergebnis der letzten Wahlen.

Für den Fall, daß Amtsinhaber Bush nicht wiedergewählt worden wäre, hätte die Christliche Rechte zwar im „Entscheidungskampf" gegen den Terrorismus und im innenpolitischen „Kulturkampf" nicht mehr auf Gleichgesinnte im Weißen Haus und in der Administration zählen können. Doch selbst in diesem Fall wäre das über Jahrzehnte kultivierte Organisationsgeflecht der Christlichen Rechten in der amerikanischen Gesellschaft wirkmächtig geblieben, nämlich über ihren organisatorischen Transmissionsriemen zur Legislative sowie über Netzwerke und Arbeitskreise gleichgesinnter Repräsentanten und Senatoren im Kongreß. Christlich Rechte bleiben auf absehbare Zeit innen- und außenpolitisch relevante Akteure, die amerikanische Präsidenten – und die mit ihnen verhandelnden internationalen Partner – ernst nehmen sollten.

Deutsche Regierungsvertreter, die sich um ein stärkeres Engagement europäischer Außenpolitik im Nahen Osten verdient gemacht haben, müssen bei ihren Initiativen auch den Einfluß christlich Rechter auf den möglichen Kurs amerikanischer Außenpolitik ins Kalkül ziehen. Das politische Gewicht der Christlichen Rechten begrenzt unter anderem auch den Handlungsspielraum George W. Bushs in zentralen außenpolitischen Feldern, vor allem in der Nahostpolitik. Die von Europäern favorisierte Politik, mehr Druck auf Israel auszuüben, wurde in Washington vor der Wahl 2004 aus wahltaktischen, wird aber auch weiterhin aus wahlstrategischen Überlegungen im Interesse an dauerhaften Mehrheiten nur rhetorisch unterstützt. Dies birgt auch eine Gefahr für gemeinsame Projekte wie die „Road Map".

Angesichts dieser Konstellation amerikanischer Politik könnte der transatlantische Graben künftig noch weiter aufreißen, insbesondere in der Politik gegenüber Syrien und Iran – beides Länder, die in den Augen christlich Rechter die Sicherheit Israels und Amerikas unmittelbar bedrohen. Deutsche wie europäische Akteure sollten dieses Konfliktpotential in der Konsenssuche antizipieren und frühzeitig christlich rechte Interessenvertreter und Politiker in diplomatische Gespräche einbinden, um die unterschiedlichen Einschätzungen der Realität und die verschiedenen Vorgehensweisen einander anzunähern.

Regierungsvertreter sowie zivilgesellschaftliche Akteure diesseits des Atlantik sollten versuchen, die sich verhärtenden Positionen jenseits des transatlantischen Wertegrabens im Dialog aufzuweichen: Damit religiöse Standpunkte und Weltbilder christlich Rechter in Amerika nicht die Perspektiven für gemeinsame Interessen und künftige gemeinsame Herausforderungen verstellen und zu einer gravierenden langfristigen Belastung der transatlantischen Beziehungen werden.

Anhang

Abkürzungen

AEI	American Enterprise Institute
AIPAC	American-Israel Public Affairs Committee
ATR	Americans for Tax Reform
CEO	Chief Executive Officer
CEPP	Center for Ethics and Public Policy
CNN	Cable News Network
CRS	Congressional Research Service
CWA	Concerned Women for America
FRC	Family Research Council
GMF	German Marshall Fund
GRL	Grassroots-Lobby
IISS	International Institute for Strategic Studies
LAG	Legal Action Group
MFN	Most Favored Nation
NRLC	National Right to Life Committee
NSC	National Security Council
PAC	Political Action Committee
RSC	Republican Study Committee
PTZ	Politisches Trainingszentrum
SBC	Southern Baptist Convention
UN	United Nations
UNFPA	United Nations Population Fund
USAID	U.S. Agency for International Development
VAT	Value Action Team
WTO	World Trade Organization

Abbildung 1: Wählerstimmenanteil der Republikaner, 1964-2000 (in %)

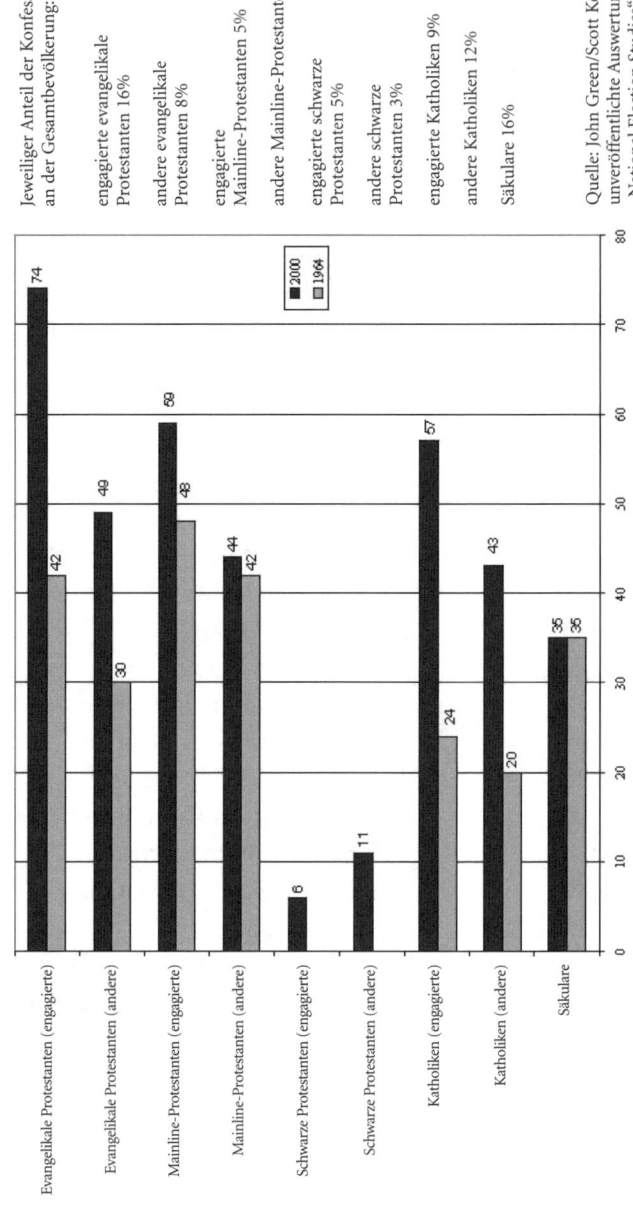

Jeweiliger Anteil der Konfessionen an der Gesamtbevölkerung:

engagierte evangelikale Protestanten 16%

andere evangelikale Protestanten 8%

engagierte Mainline-Protestanten 5%

andere Mainline-Protestanten 17%

engagierte schwarze Protestanten 5%

andere schwarze Protestanten 3%

engagierte Katholiken 9%

andere Katholiken 12%

Säkulare 16%

Quelle: John Green/Scott Keeter; unveröffentlichte Auswertung von „National Election Studies"-Daten

Abbildung 2: Einfluß religiöser versus demographischer und wirtschaftlicher Faktoren auf das Wahlverhalten bei Präsidentschaftswahlen, 1964-2000

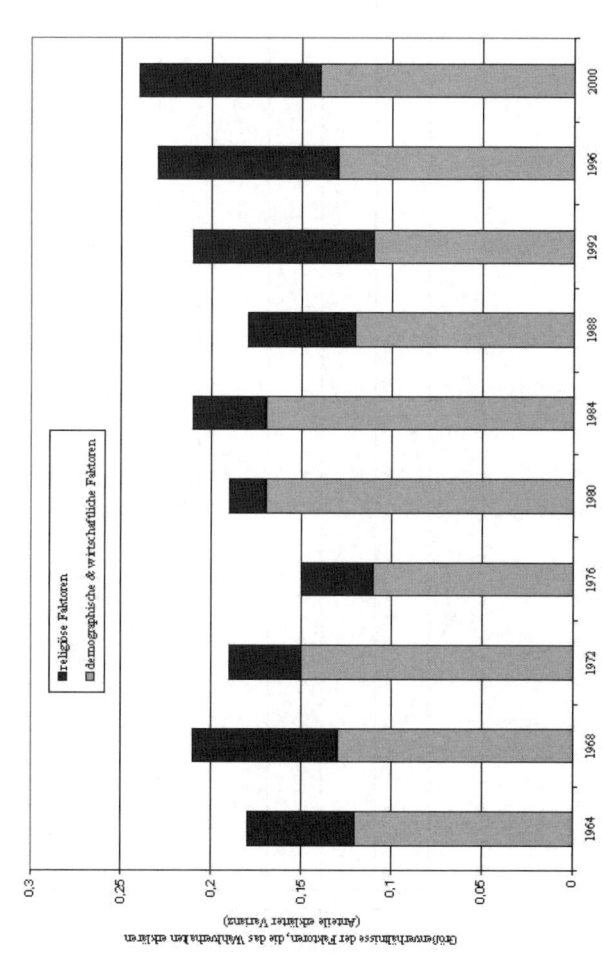

Quelle: John Green/Scott Keeter; unveröffentlichte Auswertung von „National Election Studies"-Daten. Ich danke John Green und Scott Keeter für die anregenden Gespräche und ihre Daten.

Abbildung 3: Zustimmungsrate für Präsident Bush, 19.2.2001 - 19.2.2003 (in %)

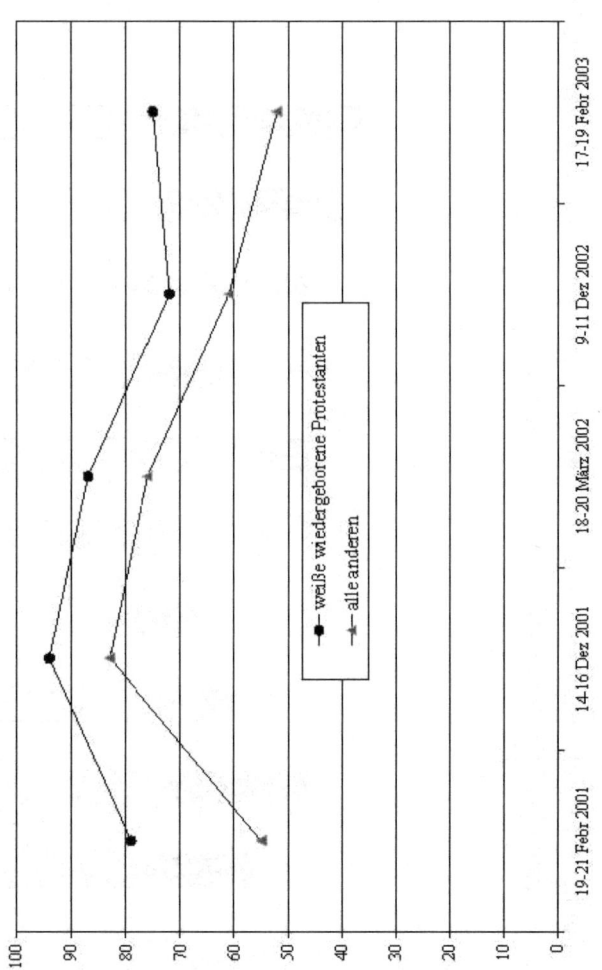

Quelle: Gallup[192]

Tabelle 1: Konfessioneller Anteil an der Gesamtbevölkerung, 1965 versus 1996 (in %)

	1965	1996
Christliche		
Protestanten		
Evangelikale (gesamt)	23,9	25,4
Baptisten	*13,5*	*13,6*
Reformierte, Bekennende	*2,4*	*3,9*
Nicht Konfessionsgebundene	*1,3*	*3,9*
Pfingstkirchler	*2,3*	*2,3*
Kirchen Christi	*1,4*	*1,2*
Andere Evangelikale	*3,0*	*0,5*
Mainline (gesamt)	27,2	22,1
Methodisten	*11,2*	*8,8*
Lutheraner	*4,5*	*3,6*
Presbyterianer	*4,2*	*2,1*
Episkopalisten	*2,4*	*1,6*
Kongregationalisten	*1,8*	*1,0*
Andere Mainline	*3,1*	*5,0*
Schwarze (gesamt)	9,6	7,6
Baptisten	*5,5*	*4,0*
Methodisten	*1,8*	*0,7*
Andere Schwarze	*2,3*	*2,9*
Mormonen	1,3	1,6
Andere Christliche	1,3	1,5
Römisch-Katholische	23,9	21,8
Östliche Orthodoxe	0,4	0,4
Nicht-Christliche		
Juden	2,4	2,0
Muslime	*	0,5
Andere Nicht-Christliche	0,1	1,0
Säkulare		
Atheisten oder Agnostiker	0,1	1,0
Keine Präferenz	9,6	15,3

* Zahl ist für eine verläßliche Taxierung zu niedrig.
Quelle: 1965: Gallup; 1996: Pew Religion Survey[193]

Tabelle 2: Zusammenhang zwischen Kirchgang und Wahlgang 2004

Gehen in die Kirche	Anteil in %	Davon haben Bush gewählt (%)	Davon haben Kerry gewählt (%)
Wöchentlich	41	61	39
Gelegentlich	40	47	53
Nie	14	36	62

Quelle: CNN National Exit Poll 2004

Tabelle 3: Wahlentscheidende Themen bei der Präsidentschaftswahl 2004

Als wichtigstes Thema angegeben	Anteil in %	Davon haben Bush gewählt (%)	Davon haben Kerry gewählt (%)
Moralische Werte	22	80	18
Wirtschaft/Arbeit	20	18	80
Terrorismus	19	86	14
Irak	15	26	73
Krankenvers.	8	23	77
Steuern	5	57	43
Schule/Ausbildung	4	26	73

Quelle: CNN National Exit Poll 2004

Tabelle 4: Profil der (weißen) evangelikalen Protestanten (in %)

	Engagierte	Andere	Durchschnitt Gesamtbevölkerung
Anteil Gesamtbevölkerung	16	8	
Alter			
18-29	16	18	22
30-44	31	29	33
45-64	31	30	27
65 und älter	20	23	17
Geographie			
Nordosten	10	9	21
Mittlerer Westen	25	27	25
Süden	52	44	34
Westen	13	20	21
Großstadtbew.	13	18	20
Vorstadtbew.	17	15	22
Kleinstadtbew.	40	41	36
Landbewohner	29	25	21
Bildung			
ohne Abitur	20	27	17
mit Abitur	38	38	35
mit Studium	24	23	26
mit Hochschulabschluß	18	13	21
Einkommen			
unter 20.000 US$	25	32	25
20.000-30.000 US$	19	19	19
30.000-50.000 US$	28	26	27
über 50.000 US$	19	17	21
Parteizugehörigkeit/-affinität			
Republikaner/ Republikanern nahestehend	62	51	44
Demokraten/ Demokraten nahestehend	31	42	46
Unabhängige	7	8	9

Quelle: Pew Research Center,
Zusammenstellung von Umfragedaten, 1994-1996[194]

Tabelle 5: Wahlregistrierung (weißer) evangelikaler Protestanten, 2004

Bundesstaaten mit erkennbarer Wählerregistrierung der evangelikalen/wiedergeborenen Protestanten	*% aller registrierten Wähler*
Alabama	47
Arizona	21
Arkansas	49
California	17
Colorado	24
Connecticut	7
Florida	23
Georgia	41
Illinois	20
Indiana	38
Iowa	30
Kansas	35
Kentucky	50
Louisiana	27
Maryland	13
Massachusetts	6
Michigan	24
Minnesota	25
Mississippi	46
Missouri	36
New Jersey	8
New York	9
North Carolina	41
Ohio	27
Oklahoma	42
Oregon	27
Pennsylvania	22
South Carolina	38
Tennessee	51
Texas	34
Utah	7
Virginia	31
Washington	26
Wisconsin	18

Quelle: National Annenberg Election Survey, 7.10.2003 – 13.9.2004.

Tabelle 6: Übersicht von Organisationen der Christlichen Rechten

Organisation	Typ/Rechtsstatus[a]	gegr.	Budget (in Mio. US-Dollar)[b]
Alliance Defense Fund	LAG	1994	15,4 (2001)
American Center for Law and Justice	AG	1990	12,1 (2001)
American Family Association	GRL	1977	11,4 (2000)
American Life League	GRL	1979	6,9 (2000)
American Renewal	GRL	1992	
Americans United to Preserve Marriage	PAC	2004	
American Values	GRL	2000	
Campaign for Working Families PAC	PAC	1996	0,8[c]
Catholic Family and Human Rights Institute	TT	1997	
Christian Coalition	GRL	1989	3,0 (2000)
Concerned Women for America (CWA)	GRL	1979	12,7 (2000)
Council for National Policy	EN	1981	
Eagle Forum/Eagle Forum PAC	GRL/PAC	1972	2,3 (2000)
Family Research Council (FRC)	TT	1983	10,0 (2000)
Focus on the Family	TT & GRL	1977	128,8 (2000)
Free Congress Research & Education Found.	TT	1977	11,4 (1997)
Leadership Institute	PTZ	1979	8,2 (2000)
Madison Project	PAC	1994	
National Right to Life Committee/NRLC PAC	GRL	1973	12,4 (1998)
Samaritan's Purse	EH	1970	
Stand for Israel	GRL	2002	
Traditional Values Coalition	DOK	1980	

[a] AG (Advocacy Group), DOK (Dachorganisation von Kirchen), EN (Elitennetzwerk), EH (Evangelikale Hilfsorganisation), GRL (Grassroots-Lobby), LAG (Legal Action Group), PAC (Political Action Committee), PTZ (Politisches Trainingszentrum), TT (Think Tank).

[b] Zahlenangaben, soweit vorhanden, sind der Website von *People for the American Way* entnommen: <http://www.pfaw.org/pfaw/general/default.aspx?oid=3147>.

[c] Zuwendungen im Wahlkampf 2001-2002.

Anmerkungen

Alle amerikanischen Quellen wurden vom Autor übersetzt, wenn nicht anders gekennzeichnet.

1   Vgl. Robert Kagan 2002, Power and Weakness.
2   Siehe George W. Bush, Bericht zur Lage der Nation, 28.1.2003; Übersetzung der amerikanischen Botschaft in Berlin, USINFO-B-DE.
3   Ebd.
4   Ebd. Ausführlicher zur Vorbereitung des Irakkrieges und zur Präventivkriegdebatte siehe Peter Rudolf 2002, „Präventivkrieg" als Ausweg?
5   Siehe George W. Bush, Bericht zur Lage der Nation, 28.1.2003; Übersetzung der amerikanischen Botschaft in Berlin, USINFO-B-DE.
6   Samuel P. Huntington 1993, The Clash of Civilizations, S. 22 ff.
7   Siehe John B. Judis und Ruy Teixeira 2004, Movement Interruptus.
8   John B. Judis und Ruy Teixeira 2002, The Emerging Democratic Majority.
9   Siehe John B. Judis und Ruy Teixeira 2004, Movement Interruptus.
10 Siehe Benedict Anderson 1988, Die Erfindung der Nation.
11 Siehe Kohut et al. 2000, The Diminishing Divide.
12 Siehe ebd., S. 4.
13 Vgl. Clyde Wilcox 1992. God's Warriors; Lyman Kellstedt et al. 1996, Grasping the Essentials.
14 Kohut et al. entwickelten diese Unterscheidung, indem sie die genannten Faktoren zu einem Gesamtindex addierten. Siehe Kohut et al. 2000, The Diminishing Divide, S. 164.
15 Siehe Nicholas Lemann 2003, The Controller, S. 81.
16 In der wissenschaftlichen Fachliteratur wird der „jüngere Konservatismus in seinen beiden Spielarten" differenziert. Dabei interpretiert man den intellektuelleren „Neo-Konservatismus" à la Irving Kristol – ursprünglich Linke, die zum Konservatismus konvertierten – wie auch den Konservatismus der „Religiösen Rechten" (Religious Right), synonym auch als „Christliche

Rechte" (Christian Right) bezeichnet, als „Reaktion auf die tiefgreifenden und rapiden sozialen, ökonomischen, demographischen, innen- und außenpolitischen Veränderungen der sechziger und siebziger Jahre." Beide Spielarten des „jüngeren Konservatismus" werden von vorwiegend ökonomischen Interessen verpflichteten „Altkonservativen" oder „älteren Konservativen" (früher auch als „Rockefeller-Republikaner" bezeichnet) unterschieden. Siehe Peter Lösche 1982, Thesen zum amerikanischen Konservatismus, S. 37-45. Michael Minkenberg untersuchte ebenfalls „Neuere konservative Gruppierungen und Strömungen im Kontext sozialen und kulturellen Wandels": Michael Minkenberg 1990, Neokonservatismus und Neue Rechte in den USA. Auch Manfred Brocker beschrieb die „Entwicklungsdynamik der (Neuen) Christlichen Rechten im System der intermediären Interessenvermittlung der USA": Manfred Brocker 2004, Protest – Anpassung – Etablierung.

17 Interview J. B. mit Gary Bauer, 22.7.2003.
18 Siehe Kohut et al. 2000, The Diminishing Divide, S. 86-87.
19 Siehe Tarrance Group and Mellman, Lazarus & Lake for U.S. News and World Report, Umfrage vom März 1994, übersetzt aus Kohut et al. 2000, The Diminishing Divide, S. 63.
20 Gallup-Umfrage vom 14. bis 16.11.2003 unter registrierten Wählern. Siehe David Moore 2003, Poll Suggests Close Race in 2004.
21 Siehe Albert Winseman 2003, Bringing Faith into the Voting Booth: Part II.
22 Siehe Linda Lyons 2004, Political and Religious Convictions.
23 Im nationalen Durchschnitt beziffert sich das Kräfteverhältnis Bush versus Kerry auf 46 zu 43; Umfrage vom 16.3. bis 4.4.2004. Siehe Anna Greenberg/Jennifer Berktold 2004, Evangelicals in America, Questionnaire, S. 13.
24 Siehe Laurie Goodstein/William Yardley 2004, Bush Benefits From Efforts to Build a Coalition of Faithful. Siehe auch CNN Exit Poll 2004.
25 Ebd.
26 Jeffrey Jones 2004, Different Influences Found for Bush, Kerry Voters.
27 Siehe Louis Bolce/Gerald De Maio 2002, Our Secularist Democratic Party. Siehe auch Geoffrey Layman 2001, The Great Divide.

28 Vgl. Kohut et al. 2000, The Diminishing Divide, S. 89-90.
29 Übersetzt aus E. J. Dionne, jr. 2003, One Nation Deeply Divided, S. A31.
30 Siehe Byron Shafer/William Claggett 1995, The Two Majorities; Geoffrey Layman 1999, Culture Wars in the American Party System, S. 89-121.
31 Siehe Lyman Kellstedt/Mark Noll 1990, Religion, Voting for President, and Party Identification, 1948-1984.
32 Ausführlicher dazu siehe John Micklethwait/Adrian Wooldridge 2004, The Right Nation.
33 Christliche Rechte verurteilten Henry Kissingers Eindämmungs- und Entspannungspolitik als Ausverkauf amerikanischer Sicherheitsinteressen und Moralvorstellungen.
34 Ronald Reagan prägte den Begriff des „evil empire" in seiner Rede bei einer Konvention der National Association of Evangelicals. Siehe Duane Oldfield 2002, Making Sense of a World Transformed, S. 13.
35 Für ausführlichere Informationen siehe James Guth/John Green 1991, The Bible and the Ballot Box. Und Kapitel 7, "The American Presidency and the Rise of the Religious Right", in: Kevin Phillips 2004, American Dynasty, S. 211-244.
36 Siehe John Green et al. 1994, Murphy Brown Revisited, S. 51.
37 Siehe Laurie Goodstein/William Yardley 2004, Bush Benefits From Efforts to Build a Coalition of Faithful. Vgl. auch John Green/John DiIulio 2001, Evangelicals in Civil Life.
38 Siehe Kevin Phillips 2004, American Dynasty, S. 215. Siehe auch John Green/John DiIulio 2001, Evangelicals in Civil Life.
39 Ebd.
40 Siehe Elisabeth Bumiller 2003, Evangelicals Sway White House on Human Rights Issues Abroad.
41 Vgl. Laurie Goodstein/William Yardley 2004, Bush Benefits From Efforts to Build a Coalition of Faithful.
42 Siehe John Green et al. 1994, Murphy Brown Revisited, S. 64.
43 John Green/Mark Rozell/Clyde Wilcox 2003, The Christian Right in American Politics, S. 3-7. Laut John Persinos bildet die Christliche Rechte in 18 bundesstaatlichen Parteiorganisationen der Republikaner eine dominante Fraktion und in 13 weiteren eine wesentliche. Vgl. John Persinos 1994, Has the

Christian Right Taken Over the Republican Party?, S. 23. Siehe auch Mark Rozell/Clyde Wilcox 1995, God at the Grass Roots.
44 Siehe Greenberg/Berktold 2004, Evangelicals in America, S. 11.
45 Siehe ebd., S. 13.
46 „Evangelikals think very highly of their leaders" – so der Befund einer Umfrage (vom 16.3. bis 4.4.2004) unter evangelikalen Christen. Siehe ebd., S. 5.
47 Zitiert aus Melani McAlister 2001, Epic Encounters. Culture, Media, and U.S. Interests in the Middle East, 1945-2000, S. 193.
48 Siehe Greenberg/Berktold 2004, Evangelicals in America, S. 14.
49 Für eine gute Übersicht des christlich rechten Netzwerkes und seiner führenden Netzwerker in den achtziger und neunziger Jahren siehe Michael Minkenberg 2003, Die Christliche Rechte und die amerikanische Politik von der ersten bis zur zweiten Bush-Administration, S. 24-26. Für eine detaillierte Untersuchung siehe Manfred Brocker 2004, Protest – Anpassung – Etablierung.
50 Interview J. B. mit Deana Funderburk, 16.7.2003.
51 Gary Bauer war bereits in der Reagan-Administration Kopf des Office of Policy Development und Reagans Berater für innenpolitische Angelegenheiten.
52 Übersetzt von der Website von American Values, <http://www.ouramericanvalues.org/issues_foreign.htm> [abgerufen am 4.11.2003].
53 Ebd.
54 Interview J. B. mit Kristin Hansen, 11.7.2003.
55 Ebd.
56 Siehe Mission Statement von NRLC, <http://www.nrlc.org/Missionstatement.htm> [abgerufen am 13.11.2003].
57 Siehe Website: <http://www.cwfa.org/about.asp> [abgerufen am 6.11.2003].
58 Ebd.
59 Siehe Website: <http://www.eagleforum.org/misc/descript.html> [abgerufen am 5.11.2003].
60 Interview J. B. mit Lori Waters, 14.7.2003.
61 Für ausführlichere Informationen siehe Josef Braml 2002, From Softball to Hardball?
62 Es bleibt abzuwarten, inwieweit die nach dem Artikel im Steuergesetz benannten 527er PACs ihre Tätigkeiten weiterführen

können: uneingeschränkt „weiches Geld" einnehmen und es für die Wählermobilisierung verwenden. Diese sogenannten „unabhängigen Ausgaben" (independent expenditures) dürfen, wie die Bezeichnung sagt, ihre Tätigkeit nicht mit den Kandidaten oder Parteistrategen abstimmen. Doch bleibt es in der der Praxis schwierig, derartige Verstöße nachzuweisen.

63 Interview J. B. mit Lori Waters, 14.7.2003.
64 Vgl. Minkenberg 1990, Neokonservatismus und Neue Rechte in den USA, S. 112-113.
65 Vgl. Larry Sabato 1985, PAC Power.
66 Zitiert in: Linda Feldmann 2004, In Politics, the Rise of Small Donors.
67 Vgl. Thomas Edsall 2004, Kerry Breaks Bush Record For Pace of Fundraising, S. A1; Jim VandeHei/Thomas Edsall 2004, Democrats Outraising the GOP This Year. But Republicans Still Have Financial Lead, S. A1.
68 Übersetzt aus Richard Stevenson/Adam Nagourney 2004, Bush '04 Readying for One Democrat, Not 10. Für ausführlichere Informationen zur Bedeutung des sogenannten „Bodenkrieges" im Wahlkampf siehe Quin Monson 2004, Get On TeleVision vs. Get On the Van: GOTV and the Ground War in 2002, S. 90-116.
69 Originaldokument entnommen.
70 Interview J. B. mit Lori Waters, 14.7.2003.
71 Duane Murray Oldfield 1996, The Right and the Righteous.
72 Siehe Paul Weyrich 1999, Separate and Free, S. B7.
73 P.L. 108-105, 117 Stat. 1201.
74 Übersetzt aus Linda Feldmann 2003, The Impact, and Limits, of Abortion Bill.
75 Siehe Umfragedaten des Pew Research Center; zitiert aus Kohut et al. 2000, The Diminishing Divide, S. 130.
76 Ebd, S. 131.
77 Friedrich von Hayek 1944, The Road to Serfdom.
78 Friedrich von Hayek 1948, Invidualism and Economic Order.
79 Siehe zum Beispiel Milton Friedman 1962, Capitalism and Freedom.
80 Für ausführlichere Informationen, siehe Josef Braml 2004, Think Tanks versus „Denkfabriken"?

81 Siehe Winand Gellner 1995, Ideenagenturen für Politik und Öffentlichkeit, S. 254.
82 Für eine Typologie von Think Tanks siehe R. Kent Weaver 1989, The Changing World of Think Tanks. Und Winand Gellner 1995, Ideenagenturen für Politik und Öffentlichkeit.
83 Siehe „2.2 Definition of think tanks" in: Josef Braml 2004, Think Tanks versus „Denkfabriken"?, S. 50-70.
84 Vgl. Hugh Heclo 1978, Issue Networks and the Executive Establishment.
85 Winand Gellner 1995, Ideenagenturen für Politik und Öffentlichkeit, S. 26-27.
86 Vgl. ebd. und Paul Sabatier 1993, Advocacy-Koalitionen, Policy-Wandel und Policy-Lernen.
87 Siehe zum Beispiel Charles Caldwell 1989, Government by Caucus.
88 Zitat von Jeffrey DeBoer, President und Chief Operating Officer des Real Estate Roundtable, zitiert aus: Alan Ota 2003, Caucuses Bring New Muscle to Legislative Battlefield, S. 2334 ff.
89 Alan Ota 2003, Republican Study Committee Revels in Conservative Clout, S. 2338.
90 Interview J. B. mit Deana Funderburk, 16.7.2003.
91 Interview J. B. mit Lori Waters, 14.7.2003.
92 Ebd.
93 Interview J. B. mit Cindy Diggs, 17.7.2003.
94 Interview J. B. mit Deana Funderburk, 16.7.2003.
95 Interview J. B. mit Kristin Hansen, 11.7.2003.
96 So die Einschätzung von Jim Backlin, dem Chef-Lobbyisten der Christian Coalition; Interview J. B. mit Jim Backlin, 16.7.2003.
97 Zitiert in: Nicholas Kristof 2002, The Evangelicals. International Aid, for Heaven's Sake, S. 6.
98 Ausführlicher zur öffentlichen Meinung im Vorfeld des Irakkrieges siehe Josef Braml 2003, Amerika vor dem Krieg.
99 Gallup-Umfrage vom 17. bis 19.2.2003. Siehe Frank Newport 2003, Support for War Modestly Higher among More Religious Americans. Those Who Identify with the Religious Right Most Likely to Favor Military Action.
100 Siehe George W. Bush, Bericht zur Lage der Nation, 28.1.2003; Übers. der amerikanischen Botschaft in Berlin, USINFO-B-DE.

101 Gallup-Umfrage vom 17. bis 19.2.2003; siehe Frank Newport 2003, Support for War Modestly Higher among More Religious Americans.
102 Siehe auch Detlef Junker 2003, Power and Mission. Was Amerika antreibt.
103 Michael Gerson wird vom Präsidenten hochachtungsvoll „Der Schriftgelehrte" genannt. Seine Bibelfestigkeit erwarb der gelernte Theologe u.a. am Wheaton College.
104 Siehe auch Joan Didion 2003, Mr. Bush & the Divine.
105 Vgl. auch Dana Allin/Steven Simon 2003, The Moral Psychology of US Support for Israel, S. 123-144.
106 Zitiert aus: Jonathan Rauch 2004, Social Studies – Like It or Not, Israel's War With Hamas Is America's, Too.
107 Zitiert aus: Ed Dobson/Jerry Falwell/Ed Hindson 1981, The Fundamentalist Phenomenon, S. 215.
108 Siehe Howard Fineman/Tamara Lipper 2003, A Very Mixed Marriage.
109 Zitiert aus ebd.
110 Für ausführlichere Informationen zur Weissagungsideologie der Christlichen Rechten und ihr Verhältnis zu Israel siehe Grace Halsell 1989, Prophecy and Politics.
111 Der Begriff „Abrahamic Covenant", auch „Bund am Sinai" genannt, bezeichnet Gottes Bündnis mit Abraham und seinen Nachkommen: die Segnung und Landverheißung (Genesis 12, 15, 17).
112 Interview J. B. mit Gary Bauer, 22.7.2003.
113 So Roberta Combs, Präsidentin der Christian Coalition. Zit. aus Deborah Solomon 2003, A New Moral Majority?.
114 Ebd.
115 Jerry Falwell zitiert aus: Melani McAlister 2001, Epic Encounters, S. 194.
116 Übersetzt aus ebd.
117 Übersetzt aus Irving Kristol 1984, The Political Dilemma of American Jews, S. 25.
118 Ebd., S. 26.
119 Ebd., S. 25.
120 Ebd., S. 25.
121 Ebd., S. 29.

122 Übersetzt aus Michael Dobbs 2003, Back in Political Forefront. Iran-Contra Figure Plays Key Role on Mideast, S. A01.
123 So zum Beispiel Kevin Phillips 1979, The Neoconservatives: Chiefs Without Indians.
124 Siehe James Kitfield 2002, The Ties That Bind, and Constrain.
125 Zitiert aus ebd.
126 Ebd.
127 So Norman Ornstein vom American Enterprise Institute (AEI), einer der renommiertesten Kenner des politischen Systems der Vereinigten Staaten. Zitiert aus ebd.
128 Ebd.
129 Interview J.B. mit Jim Backlin, 16.7.2003.
130 Interview J.B. mit Gary Bauer, 22.7.2003.
131 Ebd.
132 Ebd.
133 Siehe Steven Weisman/James Dao 2003, Bush Under Fire in Congress for Criticizing Israel.
134 Interview J. B. mit Gary Bauer, 22.7.2003.
135 Vgl. Robin Wright 2004, U.S. ‚Troubled' by Israeli Attack. White House Working to Ease Damage to Foreign Policy Efforts, S. A12.
136 Vgl. Glenn Kessler/Colum Lynch 2004, Bush Backs Israel on Self-Defense, S. A17.
137 Vgl. Suzanne Goldenberg 2004, With Election Close, Bush Will Not Risk Putting Pressure on Sharon.
138 Siehe White House, Statement by the Press Secretary, Statement Regarding Abdel Aziz Rantisi, 17.4.2004.
139 Zitiert aus dem Newsweek-Artikel: Howard Fineman/Tamara Lipper 2003, A Very Mixed Marriage.
140 Ebd.
141 Ebd.
142 Ebd.
143 Für ausführlichere Informationen siehe Clyde Mark 2003, Palestinians and Middle East Peace: Issues for the United States.
144 S.Con.Res. 106 vom 22.3.1990 bzw. H.Con.Res. 290 vom 24.4.1990.
145 P.L. 107-228.
146 Vgl. die Senatsvorlage S. 1322 – eine Gesetzesvorlage, die am

8.11.1995 von Präsident Clinton unterzeichnet wurde (P.L. 104-45). Das Gesetz erlaubt jedoch dem Präsidenten, im „nationalen Interesse" auf den Umzug der Botschaft nach Jerusalem zu verzichten. Sowohl Präsident Clinton als auch Präsident Bush beanspruchten diese „Waiver"-Option.
147 Clyde Mark 2003, Palestinians and Middle East Peace, S. 8.
148 Vgl. Program on International Policy Attitudes (PIPA) 2003, Americans on The Middle East Road Map, S. 21.
149 Ebd., S. 21.
150 Zitiert aus Mike Allen 2002, Bush Faces Sustained Dissension on the Right, S. A01.
151 Siehe Gayle Putrich 2003, White House and Congress Join in Show of Force On Syria Sanctions Measure, S. 2522.
152 Ebd.
153 H.R. 1828.
154 Der Senat erwirkte unter der Federführung des Vorsitzenden im Auswärtigen Ausschuß etwas mehr Spielraum für den Präsidenten, um auf die Umsetzung der Sanktionen im „vitalen nationalen Sicherheitsinteresse" der Vereinigten Staaten zu verzichten (eine sogenannte „Waiver"-Option).
155 P.L. 108-175.
156 Siehe Glenn Kessler 2004, President Imposes Sanctions on Syria. Nation Accused of Backing Terrorism, S. A01.
157 Siehe Robin Wright 2004, U.S. Faces a Crossroads on Iran Policy, S. A09.
158 S. 1082.
159 H.R. 2466.
160 So Richard Land, ein Vertrauter Karl Roves und Vertreter der Southern Baptist Convention (SBC). Zitiert aus Elisabeth Bumiller 2003, Evangelicals Sway White House on Human Rights Issues Abroad.
161 P.L. 108-25, 117 Stat. 711 (H.R. 1298): The United States Leadership Against HIV/AIDS, Tuberculosis, and Malaria Act of 2003. Die Summe von 15 Mrd. US-Dollar für die nächsten fünf Jahre zur Aids-Bekämpfung ist beträchtlich und wäre in der Tat vorbildlich für andere Nationen. Doch handelte es sich bei diesem Gesetz um ein Rahmengesetz, eine Autorisierung von Geldern, die es erst später, in den jährlichen Haushaltsverfahren, zu bewilligen gilt.

162 George W. Bush, Bericht zur Lage der Nation, 28.1.2003.
163 Am 1.5.2003: H.R. 1298.
164 Vgl. National Journal 2003, $15 Billion AIDS Package Clears House.
165 Die sogenannte Mexico-City-Politik geht auf die Reagan-Administration zurück. Sie wurde 1984 anläßlich der International Conference on Population in Mexico City offiziell angekündigt und verpflichtete alle NGOs, die amerikanische Gelder erhalten, bei ihrer internationalen Arbeit zur Geburtenkontrolle keine Abtreibungspraktiken zu unterstützen. Die Maßnahme wurde 1993 von Präsident Clinton außer Kraft gesetzt.
166 P.L. 107-115 (FY2002 Foreign Operations Appropriations).
167 Vgl. Kerry Dumbaugh 2003, China-U.S. Relations: Current Issues for the 108th Congress, S. 14, und Todd Purdum 2002, U.S. Refusal on Population Fund Is Blow for Powell, S. 3.
168 Vgl. Congressional Quarterly Weekly 2003, Fall Agenda: Foreign Relations Authorization Act, S. 2078.
169 Zitate von Wendy Wright zitiert aus: Gregg Sangillo 2003, Abortion: Going Global.
170 „These terrorists kill not merely to end lives but to disrupt and end a way of life" – so Präsident Bush in seiner Rede vor dem Kongreß am 19. September 2001. Siehe New York Times 2001, A Nation Challenged. President Bush's Address on Terrorism Before a Joint Meeting of Congress, S. B4.
171 Da der Begriff „realignment" im gängigen Sinne eine bleibende Veränderung beschreibt, ist ein sicherer Befund erst ex post möglich. Man kann aber dennoch strukturelle Faktoren analysieren und auf ein entsprechendes Potential hinweisen. Siehe James Sundquist 1993, Dynamics of the Party System, S. 5-6.
172 Für eine ausführlichere Analyse der Zwischenwahlen siehe Josef Braml 2002, Freie Hand für Bush?.
173 Siehe Jerome Clubb/William Flanigan/Nancy Zingale 1980, Partisan Realignment: Voters, Parties, and Government in American History.
174 Beim Thema nationale Sicherheit liegen laut Berechnungen der Brookings Institution bzw. des International Institute for Strategic Studies (IISS) selbst in Friedenszeiten etwa 30 Millionen Wählerstimmen in der politischen Waagschale:

aktives und pensioniertes Militärpersonal, Veteranen sowie Angestelle im industriellen Militärkomplex – deren Familienangehörige nicht mitgerechnet. Siehe Dana Allin/Philip Gordon/Michael O'Hanlon 2003, The Democratic Party and Foreign Policy, S. 7-16.
175 Vgl. Walter Russell Mead 2004, Power, Terror, Peace, and War, S. 95.
176 Siehe Ernst-Otto Czempiel 2004, Die Außenpolitik der Regierung George W. Bush, S. 16.
177 Pew Research Center for the People & the Press 2003, Evenly Divided and Increasingly Polarized. 2004 Political Landscape, S. 27-32.
178 Siehe Kohut et al. 2000, The Diminishing Divide, S. 130-133.
179 Siehe Greenberg/Berktold, Evangelicals in America, S. 18-20, Questionnaire, S. 6-8.
180 Zitiert von der Website von American Values, <http://www.our-americanvalues.org/issues_foreign.htm> [Zugriff am 4.11.2003].
181 Gallup-Umfrage vom 6. bis 8. 2.2004; siehe Frank Newport 2004, The Potential Impact of Iraq on the Election. Iraq Issue Is of Particular Importance to Democrats.
182 Gallup-Umfrage vom 8. bis 11.7.2004; siehe Joseph Carroll 2004, American Public Opinion about the Situation in Iraq.
183 Pew Research Center, Umfrage in Zusammenarbeit mit dem Council on Foreign Relations 2004, Eroding Respect for America Seen as Major Problem, S. 26.
184 Vgl. National Annenberg Election Survey 2004, Blacks, Hispanics Resist Republican Appeals But Conservative White Christians Are Stronger Supporters than in 2000.
185 John Green 2004, The American Religious Landscape and Political Attitudes: A Baseline for 2004, S. 34.
186 The Pew Global Attitudes Project 2003, Views of a Changing World, S. 29.
187 The Pew Global Attitudes Project 2004, A Year after Iraq War, S. 8.
188 German Marshall Fund of the United States 2004, Transatlantic Trends 2004. Top-Line Data, S. 8.
189 Auch George W. Bushs Unbeliebtheit in Europa stieg weiter an: 57% der Briten und jeweils 85% der Franzosen und

Deutschen hatten im Februar/März 2004 eine negative Meinung von ihm. Siehe The Pew Global Attitudes Project 2003, Views of a Changing World, S. 22; The Pew Global Attitudes Project 2004, A Year after Iraq War, S. 21.

190 Umfrage vom 6. bis 24.6.2004; siehe German Marshall Fund of the United States 2004, Transatlantic Trends 2004. Top-Line Data, S. 23.

191 Interview J. B. mit Jim Backlin, 16.7.2003.

192 Siehe Frank Newport/Joseph Carroll 2003, Support for Bush Significantly Higher among More Religious Americans.

193 Siehe Andrew Kohut et al. 2000, The Diminishing Divide, S. 18. Für ausführlichere Angaben zur Kategorisierung siehe Lyman Kellstedt/John Green 1993, Knowing God's Many People; Lyman Kellstedt et al. 1996, Grasping the Essentials.

194 Zitiert aus: Andrew Kohut et al. 2000, The Diminishing Divide, S. 130-133.

Literaturverzeichnis

I. Primärquellen (chronologisch):

Interview J. B. mit Austin Ruse, Director, Catholic Family and Human Rights Institute (C-FAM), 9.7.2003.

Interview J. B. mit Grover Norquist, President, Americans for Tax Reform (ATR), 10.7.2003.

Interview J. B. mit Tom Rice, Senior Policy Advisor, Representative David Price (D-NC), 11.7.2003.

Interview J. B. mit Scott Keeter, Associate Director, Pew Research Center for the People and the Press, 11.7.2003.

Interview J. B. mit David Dettoni, Deputy Director of Outreach, U.S. Commission on International Religious Freedom, 11.7.2003.

Interview J. B. mit Kristin Hansen, Media Director, Family Research Council (FRC), 11.7.2003.

Interview J. B. mit Lori Waters, Executive Director, Eagle Forum, 14.7.2003.

Interview J. B. mit Jana Novak, Senior Policy Advisor, Senator Sam Brownback (R-KS), 14.7.2003.

Interview J. B. mit Karlyn Bowman, Resident Fellow, American Enterprise Institute (AEI), 14.7.2003.

Interview J. B. mit Wendy Wright, Senior Policy Director, Concerned Women for America, 15.7.2003.

Interview J. B. mit Ryan Fisher, Senior Legislative Assistant, Representative Mike Pence (R-IN), 15.7.2003.

Interview J. B. mit Roger Limoges, Deputy Director for Public Policy, Interfaith Alliance, 15.7.2003.

Interview J. B. mit Jeremy Leaming, Americans United for Separation of Church and State, 15.7.2003.

Interview J. B. mit William Galston, Director, Institute for Philosophy and Public Policy, University of Maryland, 16.7.2003.

Interview J. B. mit Jim Backlin, Legislative Director, Christian Coalition, 16.7.2003.

Interview J. B. mit Deana Funderburk, Policy Analyst, Majority Leader Tom DeLay (R-TX), 16.7.2003.

Interview J. B. mit Luis Lugo, Director of the Religion Program, Pew Charitable Trusts (seit Januar 2004: Director, Pew Forum on Religion and Public Life, Pew Charitable Trusts), 17.7.2003.

Interview J. B. mit Cindy Diggs, Legislative Assistant, Representative Joseph Pitts (R-PA), 17.7.2003.

Interview J. B. mit Michael Cromartie, Vice President, Ethics and Public Policy Center, 17.7.2003.

Interview J. B. mit Melissa Rogers, Executive Director, Pew Forum on Religion and Public Life (jetzt: Visiting Professor of Religion and Public Policy, Wake Forest Univ. Divinity School), 18.7.2003.

Interview J. B. mit Ralph Neas, President, People for the American Way, 21.7.2003.

Interview J. B. mit Gary Bauer, President, American Values, 22.7.2003.

Interview J. B. mit Michael Novak, Senior Fellow, American Enterprise Institute (AEI), 22.7.2003.

Interview J. B. mit John Green, Professor, University of Akron, 22.7.2003.

II. Sekundärliteratur:

Allen, Mike. 2002. Bush Faces Sustained Dissension on the Right, in: Washington Post, 22.4.2002, S. A01.

Allin, Dana und Steven Simon. 2003. The Moral Psychology of US Support for Israel, in: Survival, 45 (Herbst 2003) 3, S. 123-144.

Allin, Dana, Philip Gordon und Michael O'Hanlon. 2003. The Democratic Party and Foreign Policy, in: World Policy Journal, 20 (Frühjahr 2003) 1, S. 7-16.

American Values, Website: <http://www.ouramericanvalues.org/issues_foreign.htm> [Zugriff am 4.11.2003].

Anderson, Benedict. 1988. Die Erfindung der Nation. Zur Karriere eines folgenreichen Konzepts, Frankfurt a.M./New York: Campus.

Annenberg Election Survey. 2004. Blacks, Hispanics Resist Republican Appeals But Conservative White Christians Are Stronger Supporters than in 2000, 25.7.2004, <http://www.annenberg publicpolicycenter.org/naes/2004_03_religion-release_0726_pr. pdf>.

Bolce, Louis und Gerald De Maio. 2002. Our Secularist Democratic Party, in: Public Interest, Herbst 2002.

Braml, Josef. 2004. Think Tanks versus „Denkfabriken"? U.S. and German Policy Research Institutes' Coping with and Influencing Their Environments; Strategien, Management und Organisation politikorientierter Forschungsinstitute (deutsche Zusammenfassung); Aktuelle Materialien zur Internationalen Politik 68, Stiftung Wissenschaft und Politik; Baden-Baden: Nomos.

Braml, Josef. 2003. Amerika vor dem Krieg. Welchen Rückhalt genießt die Bush-Administration in der eigenen Bevölkerung?, Berlin: Stiftung Wissenschaft und Politik, Februar 2003 (SWP-Aktuell 8/03), <http://www.swp-berlin.org/common/get_ document. php?id=113>.

Braml, Josef. 2002. Freie Hand für Bush? Auswirkungen der Kongreßwahlen auf das innenpolitische Machtgefüge und die Außenpolitik der USA, Berlin: Stiftung Wissenschaft und Politik, Dezember 2002 (SWP-Aktuell 55/02).

Braml, Josef. 2002. From Softball to Hardball? Die Reform der Wahlkampffinanzierung in den USA, Berlin: Stiftung Wissenschaft und Politik, Mai 2002 (SWP-Aktuell 14/02).

Brocker, Manfred. 2004. Protest – Anpassung – Etablierung. Die Christliche Rechte im politischen System der USA. Frankfurt/Main.

Bumiller, Elisabeth. 2003. Evangelicals Sway White House on Human Rights Issues Abroad, in: New York Times, 26.10.2003.

Bush, George W. 2003. Bericht zur Lage der Nation, 28.1.2003, <www.whitehouse.gov/news/releases/2003/01/2003012819.html>; Übersetzung der amerikanischen Botschaft in Berlin, USINFO-B-DE.

Bush, George W. 2001. Rede vor dem Kongreß am 19.11.2001, zitiert in: New York Times, A Nation Challenged. President Bush's Address on Terrorism Before a Joint Meeting of Congress, 21.9.2001, S. B4.

Caldwell, Charles. 1989. Government by Caucus: Informal Legislative Groups in an Era of Congressional Reform, in: Journal of Law and Politics, (1989) 5, S. 625-655.

Carroll, Joseph. 2004. American Public Opinion about the Situation in Iraq, Gallup-Analyse, 13.7.2004.

Clubb, Jerome, William Flanigan und Nancy Zingale. 1980. Partisan Realignment: Voters, Parties, and Government in American History, Beverly Hills, CA: Sage.

CNN Exit Poll. 2004. <http://www.cnn.com/ELECTION/2004/pages/results/states/US/P/00/epolls.0.html> [abgerufen am 7.12.2004].

Concerned Women for America, Website: <http://www.cwfa.org/about.asp> [abgerufen am 6.11.2003].

Congressional Quarterly Weekly. 2003. Fall Agenda: Foreign Relations Authorization Act. Bills: HR 1950, S 925, in: Congressional Quarterly Weekly, 30.8.2003, S. 2078.

Cromartie, Michael (Hg.). 1994. Disciples and Democracy. Religious Conservatives and the Future of American Politics, Waschington, DC/Grand Rapids, MI: Ethics and Public Policy Center/Erdmans Publishing.

Czempiel, Ernst-Otto. 2004. Die Außenpolitik der Regierung George W. Bush, in: Aus Politik und Zeitgeschichte, (November 2004) B45, S. 16-23.

Didion, Joan. 2003. Mr. Bush & the Divine, in: New York Review of Books, 50 (6.11.2003) 17.

Dionne jr., E. J. 2003. One Nation Deeply Divided, in: Washington Post, 7.11.2003, S. A31.

Dobbs, Michael. 2003. Back in Political Forefront. Iran-Contra Figure Plays Key Role on Mideast, in: Washington Post, 27.5.2003, S. A01.

Dobson, Ed, Jerry Falwell und Ed Hindson (Hg.). 1981. The Fundamentalist Phenomenon. The Resurgence of Conservative Christianity, Garden City, NJ: Doubleday.

Dumbaugh, Kerry. 2003. China-U.S. Relations: Current Issues for the 108th Congress, CRS Report for Congress, 15.9.2003, Washington, DC: Congressional Research Service, Library of Congress.

Eagle Forum, Website: <http://www.eagleforum.org/misc/descript.html> [abgerufen am 5.11.2003].

Edsall, Thomas. 2004. Kerry Breaks Bush Record For Pace of Fundraising, in: Washington Post, 17.6.2004, S. A1.

Feldmann, Linda. 2004. In Politics, the Rise of Small Donors, in: Christian Science Monitor, 28.6.2004.

Feldmann, Linda. 2003. The Impact, and Limits, of Abortion Bill. Passed by the Senate, a ›Partial-Birth‹ Ban May Satisfy Conservatives – Yet Still Be Struck Down, in: Christian Science Monitor, 23.10.2003.

Fineman, Howard und Tamara Lipper. 2003. A Very Mixed Marriage, in: Newsweek, 2.6.2003.

Foreign Operations Appropriations for FY2002 (P.L. 107-115).

Friedman, Milton. 1962. Capitalism and Freedom, Chicago, IL: University of Chicago Press.

Gellner, Winand. 1995. Ideenagenturen für Politik und Öffentlichkeit. Think Tanks in den USA und in Deutschland. Opladen: Westdeutscher Verlag.

German Marshall Fund. 2004. Transatlantic Trends 2004. Top-Line Data, September 2004, <http://www.transatlantictrends.org/apps/gmf/ttweb2004.nsf/0/461EA7D25CC77DA185256F020059C76D/$file/Topline+with+logo+final.pdf>.

Goldenberg, Suzanne. 2004. With Election Close, Bush Will Not Risk Putting Pressure on Sharon, in: The Guardian, 24.3.2004.

Goodstein, Laurie und William Yardley. 2004. Bush Benefits From Efforts to Build a Coalition of Faithful, in: New York Times, 5.11.2004.

Greenberg, Anna und Jennifer Berktold. 2004. Evangelicals in America, in: Religion and Ethics NewsWeekly, 5.4.2004.

Green, John. 2004. The American Religious Landscape and Political Attitudes: A Baseline for 2004, Washington, DC: Pew Forum on Religion and Public Life, September 2004, <http://pewforum.org/publications/surveys/green-full.pdf>.

Green, John, Mark Rozell und Clyde Wilcox. 2003. The Christian Right in American Politics. Marching to the Millennium, Washington, DC: Georgetown University Press.

Green, John und John DiIulio. 2001. Evangelicals in Civil Life. How the Faithful Voted, Washington, DC: Ethics and Public Policy Center, Januar 2001. <http://evangelicals.eppc.org/publications/xq/ASP/pubsID.269/qx/pubs_viewdetail.htm#4>.

Green, John, et al. (Hg.). 1996. Religion and the Culture Wars, Lanham, MD: Rowman and Littlefield.

Green, John et al. 1994. Murphy Brown Revisited. The Social Issues in the 1992 Election, in: Michael Cromartie (Hg.), Disciples and Democracy. Religious Conservatives and the Future of American Politics, Waschington, DC/Grand Rapids, MI: Ethics and Public Policy Center/Erdmans Publishing.

Guth, James und John Green. 1991. The Bible and the Ballot Box. Religion in the 1988 Election, Boulder, CO: Westview Press.

Halsell, Grace. 1989. Prophecy and Politics. The Secret Alliance between Israel and the U.S. Christian Right, Chicago, IL: Lawrence Hill Books.

Hayek, Friedrich von. 1944. The Road to Serfdom, Chicago, IL: University of Chicago Press.

Hayek, Friedrich von. 1948. Invidualism and Economic Order. Essays, Chicago, IL: University of Chicago Press.

Heclo, Hugh 1978. Issue Networks and the Executive Establishment, in: Beer, Samuel/King, Anthony (Hrsg.), The New American Political System, Washington, DC: American Enterprise Institute, S. 87-124.

Huntington, Samuel P. 1993. The Clash of Civilizations, in: Foreign Affairs, 72 (Sommer 1993) 3, S. 22 ff.

Jones, Jeffrey. 2004. Different Influences Found for Bush, Kerry Voters, Gallup-Analyse, 16.12.2004.

Judis John B. und Ruy Teixeira. 2004, Movement Interruptus, in: The American Prospect Online, 20.12.2004, <http://www.prospect.org/web/page.ww?section=root&name= ViewPrint&articleId=8955>.

Judis John B. und Ruy Teixeira. 2002. The Emerging Democratic Majority, New York: Scribner.

Junker, Detlef. 2003. Power and Mission. Was Amerika antreibt. Freiburg im Breisgau: Herder.

Kagan, Robert. 2002. Power and Weakness, in: Policy Review, Juni/Juli 2002.

Kellstedt, Lyman et al. 1996. Grasping the Essentials. The Social Embodiment of Religion and Political Behavior, in: John Green et al. (Hg.), Religion and the Culture Wars, Lanham, MD: Rowman and Littlefield.

Kellstedt, Lyman und John Green, 1993. Knowing God's Many People. Denominational Preference and Political Behavior, in: David Leege und Lyman Kellstedt (Hg.), Rediscovering the Religious Factor in American Politics, Armonk, NY: Sharpe.

Kellstedt, Lyman und Mark Noll. 1990. Religion, Voting for President, and Party Identification, 1948-1984, in: Mark Noll (Hg.), Religion and American Politics. From the Colonial Period to the 1980s, New York: Oxford University Press.

Kessler, Glenn. 2004. President Imposes Sanctions on Syria. Nation Accused of Backing Terrorism, in: Washington Post, 12.5.2004, S. A01.

Kessler, Glenn und Colum Lynch. 2004. Bush Backs Israel on Self-Defense. U.N. Begins Debate Over Killing of Hamas Founder, in: Washington Post, 24.3.2004, S. A17.

Kitfield, James. 2002. The Ties That Bind, and Constrain, in: National Journal, 20.4.2002.

Kohut, Andrew et al. 2000. The Diminishing Divide. Religion's Changing Role in American Politics, Washington, DC: Brookings Institution Press.

Kristof, Nicholas. 2002. The Evangelicals. International Aid, for Heaven's Sake, in: International Herald Tribune, 22.5.2002, S. 6.

Kristol, Irving. 1984. The Political Dilemma of American Jews, in: Commentary 78 (Juli 1984), S. 23-29.

Layman, Geoffrey. 2001. The Great Divide: Religious and Cultural Conflict in American Party Politics, New York: Columbia University Press.

Layman, Geoffrey. 1999. Culture Wars in the American Party System. Religious and Cultural Change among Partisan Activists since 1972, in: American Politics Quarterly, (1999) 27, S. 89-121.

Leege, David und Lyman Kellstedt (Hg.). 1993. Rediscovering the Religious Factor in American Politics, Armonk, NY: Sharpe.

Lemann, Nicholas. 2003. The Controller. Karl Rove Is Working to Get George Bush Reelected, But Has Bigger Plans, in: New Yorker, 12.5.2003, S. 81.

Lösche, Peter. 1982. Thesen zum amerikanischen Konservatismus, in: Aus Politik und Zeitgeschichte, (Dezember 1982) B49, S. 37-45.

Lyons, Linda. 2004. Political and Religious Convictions, Gallup-Analyse, 2.3.2004.

Magleby, David und J. Quin Monson (Hg.). 2004. The Last Hurrah? Soft Money and Issue Advocacy in the 2002 Congressional Elections, Washington, DC: Brookings Institution Press, S. 90-116.

Mark, Clyde. 2003. Palestinians and Middle East Peace: Issues for the United States, CRS Issue Brief, Washington, DC: Library of Congress/Congressional Research Service, 10.10.2003.

McAlister, Melani. 2001. Epic Encounters. Culture, Media, and U.S. Interests in the Middle East, 1945-2000, Berkeley/Los Angeles, CA: University of California Press.

Mead, Walter Russell. 2004. Power, Terror, Peace, and War: America's Grand Strategy in a World at Risk, New York: Alfred Knopf.

Micklethwait, John und Adrian Wooldridge. 2004. The Right Nation. Conservative Power in America, New York: Penguin Press.

Minkenberg, Michael. 2003. Die Christliche Rechte und die amerikanische Politik von der ersten bis zur zweiten Bush-Administration, in: Aus Politik und Zeitgeschichte, (2003) B 46, S. 24-26.

Minkenberg, Michael. 1990. Neokonservatismus und Neue Rechte in den USA, Baden-Baden: Nomos.

Monson, Quin. 2004. Get On TeleVision vs. Get On the Van: GOTV and the Ground War in 2002, in: David Magleby und J. Quin Monson (Hg.), The Last Hurrah? Soft Money and Issue Advocacy in the 2002 Congressional Elections, Washington, DC: Brookings Institution Press, S. 90-116.

Moore, David. 2003. Poll Suggests Close Race in 2004, Gallup-Analyse, 25.11.2003.

National Journal. 2003. $15 Billion AIDS Package Clears House, in: National Journal, 5.3.2003.

National Right to Life Committee, Mission Statement: <http://www.nrlc.org/Mission statement.htm> [abgerufen am 13.11.2003].

Newport, Frank. 2004. The Potential Impact of Iraq on the Election. Iraq Issue Is of Particular Importance to Democrats, Gallup News Service, 19.3.2004.

Newport, Frank und Joseph Carroll. 2003. Support for Bush Significantly Higher among More Religious Americans, Gallup-Umfrage-Analyse, 6.3.2003.

Newport, Frank. 2003. Support for War Modestly Higher among More Religious Americans. Those Who Identify with the Religious Right Most Likely to Favor Military Action, Gallup News Service, 27.2.2003.

Noll, Mark (Hg.). 1990. Religion and American Politics. From the Colonial Period to the 1980s, New York: Oxford University Press.

Oldfield, Duane. 2002. Making Sense of a World Transformed. The Christian Right Post-September 11, Beitrag für das Jahrestreffen der American Political Science Association, 29.8.-1.9.2002.

Oldfield, Duane Murray. 1996. The Right and the Righteous. The Christian Right Confronts the Republican Party, Lanham, MD: Rowman and Littlefield Publishers.

Ota, Alan. 2003. Caucuses Bring New Muscle to Legislative Battlefield, in: Congressional Quarterly Weekly, 27.9.2003, S. 2334 ff.

Ota, Alan. 2003. Republican Study Committee Revels in Conservative Clout, in: Congressional Quarterly Weekly, 27.9.2003, S. 2338.

Persinos, John. 1994. Has the Christian Right Taken Over the Republican Party?, in: Campaigns & Elections, September 1994.

Pew Global Attitudes Project. 2004. A Year after Iraq War: Mistrust of America in Europe Ever Higher, Muslim Anger Persists, Washington, DC: Pew Research Center, 16.3.2004.

Pew Global Attitudes Project. 2003. Views of a Changing World, Washington, DC: Pew Research Center, 3.6.2003.

Pew Research Center und Council on Foreign Relations. 2004. Eroding Respect for America Seen as Major Problem. Foreign Policy Attitudes Now Driven by 9/11 and Iraq, 18.8.2004, <http://people-press.org/reports/pdf/ 222.pdf>.

Pew Research Center for the People & the Press. 2003. Evenly Divided and Increasingly Polarized. 2004 Political Landscape, 5.11.2003.

Phillips, Kevin. 2004. American Dynasty, New York et al: Penguin Books.

Phillips, Kevin. 1979. The Neoconservatives: Chiefs without Indians, in: Washington Post, 26.8.1979.

Program on International Policy Attitudes (PIPA). 2003. Americans on The Middle East Road Map, 30.5.2003 <http://www.pipa.org/OnlineReports/IsrPalConflict/MEroadmap/MERoadMapReport.pdf>.

Purdum, Todd. 2002. U.S. Refusal on Population Fund Is Blow for Powell, in: International Herald Tribune, 24.7.2002, S. 3.

Putrich, Gayle. 2003. White House and Congress Join in Show of Force On Syria Sanctions Measure, in: Congressional Quarterly Weekly, 11.10.2003.

Rauch, Jonathan. 2004. Social Studies – Like It or Not, Israel's War With Hamas Is America's, Too, in: National Journal, 3.4.2004.

Rozell, Mark und Clyde Wilcox (Hg.). 1995. God at the Grass Roots. The Christian Right in the 1994 Elections, Lanham, MD: Rowman and Littlefield Publishers.

Rudolf, Peter. 2002. "Präventivkrieg" als Ausweg? Die USA und der Irak, Berlin: Stiftung Wissenschaft und Politik (SWP-Studie).

Sabatier, Paul 1993. Advocacy-Koalitionen, Policy-Wandel und Policy-Lernen: Eine Alternative zur Phasenheuristic, in: PVS-Sonderheft 24, S. 116-148.

Sabato, Larry. 1985. PAC Power. Inside the World of Political Action Committees, New York/London: Norton.

Sangillo, Gregg. 2003. Abortion: Going Global, in: National Journal, 11.1.2003.

Shafer, Byron und William Claggett. 1995. The Two Majorities. The Issue Context of Modern American Politics. Baltimore et al.: Johns Hopkins University Press.

Solomon, Deborah. 2003. A New Moral Majority? In: New York Times, 16.11.2003.

Stevenson, Richard und Adam Nagourney. 2003. Bush '04 Readying for One Democrat, Not 10, in: New York Times, 29.9.2003.

Sundquist, James. 1993. Dynamics of the Party System. Alignment and Realignment of Political Parties in the United States, Washington, DC: Brookings Institution Press.

United States Leadership Against HIV/AIDS, Tuberculosis, and Malaria Act of 2003, P.L. 108-25, 117 Stat. 711 (H.R. 1298).

VandeHei, Jim und Thomas Edsall. 2004. Democrats Outraising the GOP This Year. But Republicans Still Have Financial Lead, in: Washington Post, 21.7.2004, S. A1.

Weaver, R. Kent. 1989. The Changing World of Think Tanks, in: Political Science & Politics 22 (1), S. 563-569.

Weisman, Steven und James Dao. 2003. Bush Under Fire in Congress for Criticizing Israel, in: New York Times, 12.6.2003.

Weyrich, Paul. 1999. Separate and Free, in: Washington Post, 7.3.1999.

White House, Statement by the Press Secretary. 2004. Statement Regarding Abdel Aziz Rantisi, 17.4.2004 <http://www.whitehouse.gov/news/releases/2004/04/200404173.html>.

Wilcox, Clyde. 1992. God's Warriors. The Christian Right in Twentieth-Century America, Baltimore, MD: Johns Hopkins University Press.

Winseman, Albert. 2003. Bringing Faith into the Voting Booth: Part II, Gallup-Analyse, 16.12.2003.

Wright, Robin. 2004. U.S. Faces a Crossroads on Iran Policy, in: Washington Post, 19.7.2004, S. A09.

Wright, Robin. 2004. U.S. ›Troubled‹ by Israeli Attack. White House Working to Ease Damage to Foreign Policy Efforts, in: Washington Post, 23.3.2004, S. A12.

Personenregister

Abrams, Elliott; 91f.
Arafat, Yassir; 98
Backlin, Jim; 81, 94, 121
Bauer, Gary; 35, 51, 54f., 62, 89, 95f., 98, 101, 117
Bolton, John; 102
Boucher, Richard; 97
Brownback, Sam; 82f., 104f.
Bush, George; 14, 46ff.
Bush, George W.; 15, 21ff., 34, 38ff., 47f., 50, 56, 60, 63, 73, 85ff., 95ff., 102ff., 104ff., 111, 113f., 117f., 120, 123f.
Carter, Jimmy; 45
Cizik, Richard; 84
Clinton, Bill; 54, 72, 107f.
Combs, Roberta; 89
Comte, Auguste; 75
Cornyn, John; 104
Corrado, Anthony; 63
Czempiel, Ernst-Otto; 115
DeBoer, Jeffrey; 81
DeLay, Tom; 54, 81f., 88, 101
Dionne, E.J.; 40
Dobson, James; 51, 55ff.
Falwell, Jerry; 51, 52, 88, 90, 98
Fleischer, Ari; 98
Ford, Gerald; 45
Frist, Bill; 83
Frum, David; 15
Funderburk, Deana; 82
Gellner, Winand; 79
Gerson, Michael; 87
Goldwater, Barry; 44
Gore, Al; 35
Graham, Franklin; 51
Green, John; 38
Hamilton, Lee; 93f.
Hansen, Kristin; 55f., 83
Heclo, Hugh; 79

Huntington, Samuel; 23
Hussein, Saddam; 21f., 95
Jassin, Ahmed; 97
Johnson, Lyndon B.; 44, 75
Judis, John; 25
Kagan, Robert; 20
Kennedy, John F.; 75
Kerry, John; 38ff., 63, 116
Kristol, Irving; 76, 90f.
Land, Richard; 48
Lincoln, Abraham; 41, 87
Lugar, Richard; 102
Machiavelli, Niccolò; 25
McCain, John; 47
McClellan, Scott; 97
Mead, Walter Russell; 114
Nixon, Richard; 45
Norquist, Grover; 79f., 88
Perkins, Tony; 55
Perle, Richard; 15
Phillips, Kevin; 47
Pitts, Joseph; 82f., 106
Powell, Colin; 98, 101, 107
Rantisi, Abd al-Aziz; 96f.
Reagan, Ronald; 15, 45ff., 113
Reed, Ralph; 51, 54, 64
Rice, Condoleezza; 97
Robertson, Pat; 46, 51, 98f.
Roosevelt, Franklin D.; 43, 46, 91
Ros-Lehtien, Ileana; 104
Rove, Karl; 25, 34, 47f., 79, 113
Scharon, Ariel; 97f.
Santorum, Rick; 104
Sherman, Brad; 105
Teixeira, Ruy; 25
Thurmond, Strom; 44
Waters, Lori; 62, 67, 82
Weyrich, Paul; 51, 52, 73, 77, 80
Wright; Fielding; 44
Wright, Wendy; 108

Lieferbar bei Matthes & Seitz Berlin:

Jean Baudrillard
Amerika

Aus dem Französischen
von Michaela Ott
broschiert, 192 Seiten
ISBN 3-88221-371-X

Ibn Warraq
Warum ich kein Muslim bin
Mit einem Vorwort von Taslima Nasrin

Aus dem Englischen
von Nadine Miller
geb. mit Schutzumschlag, 528 Seiten
ISBN 3-88221-838-X

Theodor Lessing
Der jüdische Selbsthaß
Mit einem Vorwort von Boris Groys

broschiert, 256 Seiten
ISBN 3-88221-347-7